Educomunicação

Coleção Educomunicação

- *Educomunicação: construindo uma nova área de conhecimento*
  Maria Cristina Castilho Costa e Adilson Odair Citelli
- *Educomunicação: o conceito, o profissional, a aplicação;*
  contribuições para a reforma do Ensino Médio
  Ismar de Oliveira Soares
- *Educomunicação: imagens do professor na mídia*
  Adilson Citelli
- *Educomunicação: recepção midiática, aprendizagens e cidadania*
  Guilhermo Orozco Gómez
- *Educomunicação: para além do 2.0*
  Roberto Aparici
- *Educomunicação: formação pastoral na cultura digital*
  Helena Corazza
- *Comunicação e Educação: os desafios da aceleração social do tempo*
  Adilson Citelli

Guillermo Orozco Gómez

Educomunicação

Recepção midiática, aprendizagens e cidadania

Dados Internacionais de Catalogação na Publicação (CIP)
(Câmara Brasileira do Livro, SP, Brasil)

Orozco Gómez, Guillermo
    Educação : recepção midiática, aprendizagens e cidadania / Guillermo
Orozco Gómez ; [tradução Paulo F. Valério]. – São Paulo : Paulinas, 2014. –
(Coleção educomunicação)

    Título original: Mediaciones, pantallas, aprendizajes y ciudadanía.
    ISBN 978-85-356-3758-8

    1. Aprendizagem 2. Cidadania 3. Comunicação na educação 4. Ensino
médio - Brasil 5. Mediação 6. Reforma de ensino - Brasil I. Título. II. Série.
profissional I. Citelli, Adilson. II. Série.

14-03475   CDD-371.1022

Índices para catálogo sistemático:
1. Comunicação na educação   371.1022
2. Educomunicação   371.1022

Título original da obra: *Mediaciones, pantallas, aprendizajes y ciudadanía*
© Guillermo Orozco Gómez

1ª edição – 2014
1ª reimpressão – 2018

Direção-geral:
Bernadete Boff

Editora responsável:
Luzia M. de Oliveira Sena

Tradução:
Paulo F. Valério

Copidesque:
Mônica Elaine G. S. da Costa

Coordenação de revisão:
Marina Mendonça

Revisão:
Ana Cecilia Mari

Gerente de produção:
Felício Calegaro Neto

Diagramação:
Manuel Rebelato Miramontes

Nenhuma parte desta obra poderá ser reproduzida ou transmitida por qualquer
forma e/ou quaisquer meios (eletrônico ou mecânico, incluindo fotocópia e
gravação) ou arquivada em qualquer sistema ou banco de dados sem permissão escrita
da Editora. Direitos reservados.

Paulinas
Rua Dona Inácia Uchoa, 62
04110-020 – São Paulo – SP (Brasil)
Tel.: (11) 2125-3500
http://www.paulinas.com.br – editora@paulinas.com.br
Telemarketing e SAC: 0800-7010081
© Pia Sociedade Filhas de São Paulo – São Paulo, 2014

Sumário

Uma apresentação entre mediações 7

Capítulo 1 – Meu itinerário pela comunicação e pela educação 13

Capítulo 2 – Audiência, recepção e mediações............................. 35

Capítulo 3 – A pesquisa em torno das "velhas e novas"
audiências 53

Capítulo 4 – Brincando e aprendendo: a necessidade
de "reaprender" com videojogos 75

Capítulo 5 – A "condição comunicacional":
um paradoxo da cultura participativa das audiências...................... 85

Capítulo 6 – Uma cidadania comunicativa como horizonte
pedagógico para a educação das audiências 93

Capítulo 7 – Construção e fixação na programação de ficção:
novos âmbitos dos direitos comunicativos.................................... 103

Capítulo 8 – A participação das audiências em suas interações
com as telas: uma proposta de educomunicação........................... 113

Capítulo 9 – Audiências conectadas e desconectadas: dois
modos de estar ante a tela televisiva e de buscar a interlocução..... 123

Capítulo 10 – De volta ao futuro: televisão e produção
de interações comunicativas 133

Epílogo – "O telespectador não nasce, se faz." Vinte anos
depois de *Televisão e produção de significados*,
de Guillermo Orozco... 145

Bibliografia 159

Uma apresentação entre mediações

Adilson Citelli[*]
Maria Isabel Orofino[**]

Guillermo Orozco Gómez é nome reconhecido no mundo ibero--americano e em outras latitudes pela extensão e consistência da obra que vem construindo há quase três décadas. Entretanto, não tínhamos, ainda, um livro de sua autoria traduzido integralmente para a língua portuguesa, lacuna que, em boa hora, esta publicação supre. Há textos em revistas, periódicos científicos, coletâneas, materiais esparsos que não permitem ter uma visão mais orgânica do pensamento deste professor mexicano que atua na Universidade de Guadalajara. O livro que apresentamos é composto de um conjunto de ensaios, alguns deles publicados em revistas de língua espanhola e inglesa, mas revistos para a edição brasileira, cuja articulação interna permite recolher os temas mais recorrentes na obra do autor.

No primeiro capítulo Orozco Gómez elabora detalhado roteiro do seu percurso intelectual, indicando momentos de formação acadêmica, influências recebidas, projetos de pesquisa levados a termo, proposições teóricas e metodológicas feitas e refeitas, enfim, deixa as marcas de uma caminhada que prossegue, agora, com novas contribuições voltadas aos estudos das telenovelas, em trabalho concernido ao OBITEL – Observatório Ibero-americano da Ficção Televisiva, que reúne, ademais, nomes brasileiros expressivos na investigação da teledramaturgia. Daí havermos feito referências rápidas ao itinerário intelectual de Orozco Gómez.

Dessa sorte, fixamo-nos em reflexão mais abrangente do material reunido no livro e, se nele buscássemos algumas palavras-chave decisivas, encontraríamos, ao menos, cinco: audiência, recepção, mediação, mediadores e educação. Em torno delas e de suas inter-relações, implicações,

---

[*] Prof. Dr. Titular da Escola de Comunicações e Artes da Universidade de São Paulo, onde ministra cursos de graduação e pós-graduação (PPGCOM).

[**] Profa. Dra. do Programa de Pós-Graduação em Comunicação e Práticas de Consumo. Escola Superior de Propaganda e Marketing, São Paulo.

8 • Educomunicação

envolvimentos e desdobramentos, o autor tece algumas de suas principais contribuições ao pensamento comunicacional.

Cabe enfatizar, preliminarmente, que um desses aportes está dirigido à pesquisa com o público: a audiência, o público-alvo, o público receptor. Mesmo com certa euforia em relação à cultura dos fãs e ao potencial participativo desencadeado pelo presente cenário de convergência tecnológica, o público, em sentido amplo (a massa, o povo nos termos utilizados por Jesús Martín-Barbero), as audiências em seus múltiplos contextos continuam sendo um desafio nem sempre devidamente enfrentado nas pesquisas em comunicação.

Dessa questão, porém, não se exime o autor, e certos elementos do seu percurso reflexivo talvez ajudem a entender a preocupação a ser dada à temática do público, sobretudo, das mediações e cruzamentos que ajudam a constituí-lo. Em primeiro lugar Orozco é, ele próprio, expressão dessas hibridizações formativas. Doutorado em Educação por Harvard, trabalhando, inicialmente, com as teorias ligadas à psicologia cognitiva, supera-as entendendo que possuíam dimensão reducionista. Nesse afastamento encontra, ao mesmo tempo, o pensamento de Jesús Martín--Barbero e a formulação da teoria das múltiplas mediações. Daí que as pesquisas implementadas por Orozco Gómez acerca das audiências, do público, deixem de ser concebidas como mera relação com os meios de comunicação e passem a ser pensadas em dimensão maior, incluindo a família, o bairro, as ruas e seus múltiplos cenários, as instituições sociais e as regras, estruturas e formas de poder a elas relacionadas. Tal perspectiva marcada pelas combinatórias, pelas hibridizações, foi sedimentada por Orozco Gómez, também, junto aos Estudos Culturais Britânicos e à teoria da estruturação de Anthony Giddens. Aqui é necessário lembrar, contudo, inexistir mera "absorção" do bebido em fontes localizadas alhures, mas sim engajamento em um projeto intelectual – que conta com a importante contribuição de Jesús Martín-Barbero – voltado ao entendimento das particularidades do contexto latino-americano para a construção dos processos comunicacionais a partir da cultura.

A ênfase no conceito de mediação apresentou ao pensamento latino-americano em Comunicação Social uma singularidade. Enquanto os autores envolvidos com os Estudos Culturais Britânicos investiram teoricamente na identificação das resistências e da formação de identidades, os latino-americanos dedicaram esforços no mapeamento dos modos de ação da resistência. Os ingleses identificaram a dinâmica, os latino-americanos colocaram-na em movimento. Daí que, enquanto metodologia, o modelo das múltiplas mediações desenvolvido por Jesús Martín-Barbero e Guillermo Orozco Gómez tem-se mostrado ao mesmo tempo rentável, do ponto de vista operacional, e criativo em suas inúmeras sugestões para a realização de pesquisas no campo da comunicação e suas várias interfaces.

Essa atenção com o circuito audiências-mediadores/mediação/recepção permitiu ao autor promover diálogos envolvendo circuitos amplos aos quais acorrem, por exemplo, a teleficção e, destacadamente, a educação, ou a educomunicação, termo que tem circulado bastante entre nós e que Orozco Gómez adota de maneira decidida. Entenda-se por educomunicação um conceito mais abrangente para pensar os fenômenos de ensino-aprendizagem sob as circunstâncias que matizam a vida contemporânea em sua pluralidade de dispositivos técnicos, estímulos à visualidade, desafios suscitados pelos circuitos digitais, instigações provocadas pelas estratégias de produção, circulação e distribuição da informação e do conhecimento. Tal vertente reflexiva, ocupada em trazer para o interior dos processos comunicacionais um campo importante como o da educação, entendendo-a enquanto lócus de trocas e diálogos marcados pelas dinâmicas sociotécnicas, tecnoculturais, registra a permanência do já referido núcleo das múltiplas mediações. Nesse caso, em lugar de pensarmos amplamente nas audiências, poderíamos dirigir o problema diretamente ao aluno e à escola. O discurso de sala de aula deve reconhecer-se não apenas como instância mediadora entre docente e discente, tradição propedêutica e demandas provocadas pelas presentes formas de construção do conhecimento, mas, também, como sendo cruzado por miríades de outras tantas mediações, na sua multiplicidade constituidora de campos de sentidos: internet, redes sociais, televisão, rádio etc.

Ao encaminhar a perspectiva das múltiplas mediações, o autor rompe a tradição clássica que marcou e, sob certas circunstâncias, continua marcando, os estudos de comunicação. Existe o evidente afastamento de teorias como dos usos e gratificações, com o seu fundo comportamentalista, em que o cumprimento de certos roteiros discursivos gera compensações tangíveis ou intangíveis no receptor; ou a teoria dos efeitos – vertente funcionalista formuladora da ideia segundo a qual assertivas controladas por discursos persuasivos competentes levam as audiências a aceitá-las, a aderirem aos sentidos intencionalmente formulados por emissores e/ou enunciadores. Aos enunciatários, ao público, restaria a passividade que lembra as ostras filtrando – e retendo as impurezas – das águas do mar.

Para Orozco Gómez trata-se de acompanhar o complexo processo no qual as mensagens que chegam às audiências sofrem interferências de uma série de mediações (etárias, de classe social, étnicas, de gênero etc.), permitindo ao telespectador, ao leitor do jornal, ao aluno em sala de aula, significar, dessignificar ou ressignificar os campos de sentidos que lhes aportam através dos variados meios e tipos de discursos. Vale dizer, nem sempre uma mensagem produzida para gerar algo chega a bom termo, posto que a ela caberá cruzar as águas tempestuosas das mediações dispersas. Colocado de outro modo, nos circuitos amplos da comunicação inexiste caminho de mão única, sendo factível às assistências, às audiências, promover negociações de sentidos – conforme referido por Stuart Hall no processo de codificação e decodificação –, alargando ou restringindo entendimentos, interpondo apreensões capazes de reorientar o vetor discursivo dos produtores das mensagens.

O quadro das múltiplas mediações e dos processos de recepção, conforme já foi lembrado, tem íntima relação com as temáticas da educação e da própria escola. Sendo esta uma instituição primária, assim como a família, a religião, institui comunidades de interpretação e aprendizagem, representando instância-chave para mediar a ação, muitas vezes invasiva das mídias nas dinâmicas cotidianas dos jovens. Conquanto o papel central da escola, tampouco a família, a religião, os meios de comunicação, aliás, funcionam como agentes únicos na configuração dos valores, das modulações ideológicas, dos universos de representações e constituintes simbólicos. Posto sob outro registro, e aqui se reconhece a influência de Paulo Freire na obra do nosso autor, a escola também é lugar para o exercício das múltiplas mediações, da ativação dos diálogos, fracassando, ademais, no momento em que instaura os modelos pedagógicos unidirecionais e unicentrados – seja na figura do professor ou das autoridades escolares, seja no monocentrismo das visões propedêuticas, enciclopédicas, "bancárias", para lembrar a conhecida metáfora freireana. Assim, a educação formal é convidada a não ter medo de trazer para o seu corpo os meios de comunicação, fazendo-os funcionar em duas dimensões articuladas: como elemento de aproximação do jovem, naturalmente envolvido com as videotecnologias, a internet, os videojogos, as redes sociais, e como objeto de análise e instância para a descoberta dos mecanismos de produção midiática.

Segundo Orozco Gómez, o campo educomunicativo transcende, portanto, o problema da leitura crítica da indústria cultural, implicando, em particular, um procedimento metodológico – e axiológico – capaz de ativar capacidades e competências voltadas a produzir discursos e linguagens que coloquem em linha os conteúdos escolares e a sociedade inclusiva. Ou seja, uma escola que eduque para a vida. Daí asseverar em dado momento do livro: "Para a educomunicação, focalizada historicamente em modificar a interpretação dos produtos midiáticos feita pelas audiências, o desafio contemporâneo maior é, agora também e principalmente, formar as audiências para que se assumam como emissores e interlocutores reais, não somente simbólicos dos meios e dos demais produtos intercambiados nas redes sociais. Se antes foi fundamental formar para a recepção, agora é imprescindível formar também para a emissão e produção criativas. Isto visa tornar realidade essa cultura de participação que as redes sociais estimulam e possibilitam, mas que a maioria das audiências, pelo menos nos países ibero-americanos, ainda não assumem plenamente".

Tal compreensão dos processos educomunicativos que marcam a educação contemporânea não está, por certo, orientada por uma perspectiva tecnocêntrica, que perde a dimensão das inúmeras armadilhas interpostas pelos dispositivos comunicacionais à escola. Existem as pressões da indústria, do mercado de equipamentos, dos valores reificados recobertos pelo neon das imagens e dos discursos verbais que mal escondem as marcas de uma origem de baixíssima nobreza. Há, também, a tecnofobia que, ao confundir meios de produção e relações sociais, enxerga na mídia um inimigo a ser combatido e não a ser entendido ou apropriado em bases que atendam aos ditames do interesse público. Por esse motivo, muitas vezes, a escola, tendente a reter a hegemonia da educação através do poroso conceito de instrução, e que desconsidera outras instituições promotoras dos atos educativos, se fecha para sofrer, em seguida, as dores de uma desagregação que tem dificuldades para identificar.

Nesse âmbito das preocupações com as interfaces comunicação/educação, Orozco Gómez revela um percurso, ao fim e ao cabo, compromissado em colocar a escola na rota da emancipação cidadã. Isto é, a "alfabetização midiática", a "educação para a mídia", e tantas outras formas de pensar as relações entre salas de aula e comunicação, fazem sentido quando integradas em um projeto de ensino-aprendizagem que diga respeito à superação das anomias e das desvinculações entre atos formativos e integração à cidadania, num movimento que para Boaventura Sousa Santos significa passar do conhecimento regulação para o conhecimento emancipação.

Essa, digamos, prontidão da audiência no universo da educação formal está presidida pelo caráter de centralidade da comunicação. Vale dizer e para retomar sinteticamente as posições de Orozco Gómez: "O mais significativo para um educomunicador é entender o que aqui chamo de 'condição comunicacional' de nosso tempo. Esta, pois, consiste em primeiro lugar num recolocar no centro o comunicativo como dimensão prioritária para entender as sociedades hoje em dia. Engloba a assunção do poder como intercâmbio nas interações, especialmente através do discurso, de seus gêneros e formatos. Inclui, ao mesmo tempo, a consideração dessa mudança fundamental pela qual, como audiências, as sociedades atuais podem deixar de ser identificadas essencialmente por seu *status* desprovido de poder, quase sempre como receptores de meios de comunicação de massa autoritários, para começar a ser reconhecidas por um estar-sendo ativos, cada vez mais criativos, na produção e na emissão comunicacionais".

Como se verifica, há neste livro inúmeras questões – algumas em aberto, outras para serem ampliadas ou reorientadas – capazes de suscitar o interesse dos leitores voltados aos estudos de comunicação, audiências, mediações, educomunicação, em suas variadas interfaces.

Capítulo 1

Meu itinerário pela comunicação e pela educação[*]

Com o passar dos anos, dos lugares, dos projetos, das perguntas que sempre restam e das expectativas e das utopias por alcançar, aproveito as páginas deste livro para fazer uma avaliação, mais do que uma história, de um percurso em que se mesclam o acadêmico, o profissional, o institucional e o emotivo, com pessoas concretas, ideias, opiniões, obstáculos, dúvidas e certezas. Espero que meu relato sirva aos leitores como uma referência de como abrir caminho ao caminhar nos estudos da comunicação vinculados à educação e, também, de como ir-se construindo como comunicador e educador ao longo do percurso.

A origem: os primeiros anos

Caminhar academicamente através da conjunção de dois campos disciplinares e profissionais – a comunicação e a educação – significou, de um lado, andar em um cenário duplamente "minado" por preconceitos e tradições de ambas as disciplinas, não somente ante si mesmas, mas principalmente cada uma ante a outra, o que, às vezes, dificulta ver as dimensões do território completo. Por outro, foi um percurso carregado de gratificações e descobertas, porque, como se sabe, esse território está repleto também de conquistas e utopias que se reforçam mutuamente.

Comecei minha carreira acadêmica como um "distraído" a lançar uma moeda no ar e escolhendo uma de suas faces: uma representaria "estudar psicologia"; a outra, estudar "ciências da comunicação". Nesse momento de expor minha decisão à sorte, eu não sabia que o que realmente escolhia era focalizar-me na comunicação pessoal, íntima – a intracomunicação –, e na social, aberta, ou intercomunicação, em que os meios de comunicação de massa e, de modo especial, os audiovisuais já exercem o papel de protagonistas. Era o ano 1970. Obviamente, segui essa última pista – a comunicação e os meios –, emocionado com a

---

[*] Texto que será publicado no livro *De viva voz*, Editorial Universidad Metropolitana, México, em produção.

possibilidade de exercer minha expressão metalinguística e, em seguida, multimídia, exercitando principalmente a competência escrita, cada vez mais apaixonado por suas vertentes de reportagem e de roteirismo, graças ao qual, com o passar dos anos, pude completar milhares de páginas em formatos e estilos diferentes, tanto ensaístico quando de informes de pesquisa empírica.

Dentro do que então, nos inícios dos anos 1970, se chamava no México, de maneira inovadora, "Ciências da Comunicação", a ambiguidade reinava, e a imaginação e a criatividade juvenil dos estudantes se situavam nos vazios teóricos, nas lacunas metodológicas e na confusão no porvir profissional. Assim, a comunicação como campo de ensinamento e de aprendizagem universitários no ITESO – uma universidade jesuíta da cidade de Guadalajara – oscilava entre o estudo do falar e do escrever bem para pensar e compreender igualmente bem "os sinais dos tempos", o que se convertia em desafio ante o microfone e a câmera de cinema ou de televisão, e a arte de persuadir, para convencer, seduzir e, eventualmente, mover as audiências rumo aos objetivos "sempre desejáveis" do comunicador. Pensar e expressar-se para, com isso, pretender influenciar, eram entendidos, por sua vez, como duas faces de uma mesma moeda. A estética e a estilística estavam presentes como modos de preencher o que a ciência ausente deixava a descoberto.

Uma ênfase nas formas mais do que em conteúdos dominava os discursos, produto dos esforços por comunicar ou simplesmente por transmitir aos demais tudo isso que se havia aprendido das leituras assinaladas como tarefa pelos professores. Não havia exames nessa nova carreira. Tampouco cátedras, nem tarefas à moda tradicional. Havia seminários, em que se desempenhavam papéis de expositor e de replicante, e um exercício permanente de intercomunicação escrita e oral que, paulatinamente, nos permitiu, a mim e à minha geração, desenvolver-nos, perder o medo do dizer e do fazer, ensaiar técnicas de debate, praticar as expressões, o que findou por ser mais formativo e transcendente, comunicativamente falando, dentro de um plano de estudos inédito, muito flexível, mas demasiado apegado à literatura, à filosofia e à história, e pouco à "ciência" da comunicação propriamente dita. Disciplinas essas, típicas das humanidades, que já se distinguiam como uma das três vertentes em que se oferecia e exercia o estudo da comunicação em suas primeiras décadas no México e na América Latina (Fuentes, 1998).

Assim, como uma inovação pedagógica importante, equilibrou-se a ingenuidade de um plano de estudos ambicioso e a falta de experiência profissional da maioria dos professores responsáveis; do que já se intuía, desde então e se confirmaria em seguida, seria uma das carreiras universitárias mais importantes do futuro, posto que sempre carregando a dúvida científica, como o reiterou Martín Barbero (2011).

Os professores: entre a academia, a profissão e o idealismo

Quem eram os formadores de profissional tão ambicioso: o comunicador? Que qualidades possuíam e quais devem possuir hoje os que pretendem ser artífices dos comunicadores? Talvez seja difícil especificar e dar uma resposta única, justa e certeira sobre isso. Em meu caso, um professor jesuíta que havia exercido a oratória introduziu-nos na arte da alocução radiofônica e no falar para públicos, enquanto outro professor, não jesuíta mas o único que havia exercido efetivamente o jornalismo alguma vez, cumpriu o compromisso de ensinar-nos a redigir uma nota jornalística e a confeccionar uma reportagem, a escrever uma coluna editorial e a argumentar um ponto de vista, editorialmente. Outro professor jesuíta, apaixonado por cinema, levou-nos a passear pelas grandes películas de autor, especialmente francesas e italianas, que tanto lhe apraziam, o que fazia o cinema ser chamado de arte. Desse modo, tivemos uma imersão no que terminou por ser uma referência de qualidade para exercer, em seguida, a crítica aos demais produtos audiovisuais. E mais outro professor, não jesuíta, levou-nos a rodar uma película de um minuto, empregando todos os papéis possíveis relacionados com a produção cinematográfica, argumentando que, se pudéssemos produzir uma narrativa fílmica dessa duração, em breve poderíamos realizar outras tantas de qualquer outra extensão. Essa "pedagogia minimalista" foi decisiva para o resto de minha vida.

Outro professor jesuíta, um grande mestre, conseguiu, através da literatura e da análise literária, semear e cultivar essa sensibilidade a um tempo poética, humana e rigorosa para a leitura e para a recepção ativa e midiática em geral. Juntando o falar ao ouvir, o escrever ao ler e o escutar ao escutar-nos, mostrou-nos um caminho para a produção de conhecimento integral, em que o falante e o ouvinte têm sua palavra para expressar-se e intercambiar, e um sempre possível ponto de convergência. Outro jesuíta tratou do bem e do mal através de autores clássicos, algo que nos deu uma referência para a ética na comunicação, e motivou-nos a escrever roteiros para ficção.

Menção à parte merecem meus dois grandes mestres de toda a vida, um a distância e outro presencial. O primeiro, Paulo Freire, chegou através de seu livro: *A educação como prática da liberdade* (1967), que foi o texto de base em um curso intensivo a que assisti no Centro de Estudos Educativos da Cidade do México, em 1972. Esse curso pretendia atualizar propostas pedagógicas críticas vigentes, em especial a freiriana, para preparar um grupo de universitários para o serviço social e, especificamente, para enfrentar o desafio do projeto assumido de uma "alfabetização radiofônica" de adultos na Serra Tarahumara, do norte do México. Atingiu a meta, mas superou-a em muito, abrindo, pelo menos em meu caso, um veio de pensamento a um tempo crítico e programático, no qual o desafio ficou evidente e formulado assim: o que os meios de comunicação de massa fazem e podem fazer pela educação? O serviço social foi realizado por doze de nós nesse verão, mas a inquietude por uma mudança social através da educação midiática continuou inspirando muitos dos projetos em que continuo a envolver-me até hoje.

O outro grande mestre, presencial, foi Noel McGinn, psicólogo social, professor em Harvard e meu diretor de tese doutoral. Um educador internacional, focalizado em países latino-americanos e, a seguir, no Oriente Médio, foi a chave de meu desenvolvimento intelectual posterior à minha licenciatura, e continua sendo um exemplo vivo também de tudo isso que não se ensina nas salas de aula, mas que somente se aprende na convivência do trabalho. Tive a sorte de conviver com ele durante dois anos na Fundação Barros Sierra, da Cidade do México, onde passava um ano sabático, e de escrevermos juntos o que, para mim, foi meu primeiro livro: *A alocação de recursos econômicos na educação pública no México. Um processo técnico em um contexto político* (1983), que era o epicentro de um esforço de, a partir da academia, fazer com que a burocracia educativa fosse mais eficaz na consecução de suas metas e planejasse o desenvolvimento educativo do país sobre outros fundamentos mais racionais. Com esse livro sob o braço, ingressei, mais tarde, no doutorado em Educação em Harvard (parágrafo de que tratarei posteriormente).

Conviver e partilhar a cotidianidade na fundação com Noel McGinn, e ser participante do mesmo projeto, foi uma de minhas maiores e mais significativas experiências de aprendizagem na vida. Algo único e realmente maravilhoso. Ao longo dos anos pude apreciar, por mim mesmo, suas próprias reações perante o trabalho profissional e acadêmico, em torno da responsabilidade intelectual e política, das ideias dos outros, assim como suas posições ante a ciência, a razão e a produtividade, mesmo em contextos ideológicos diversos. Com ele, observei o relativo e ao mesmo tempo o sério e estrito da metodologia de pesquisa. Também dele aprendi que a crítica a um produto começa por ressaltar os pontos fortes e que deve ser uma crítica precisamente ao produto, não à pessoa, cuja capacidade, a qual se poderá mostrar em outra produção, é preciso respeitar. Isso me inspirou confiança e me deu energia necessária para sobreviver a um doutorado e sair com a cabeça erguida depois de colóquios críticos a minhas posições e rejeições sucessivas a meus protocolos de tese doutoral.

As opções profissionais e institucionais

Depois de La Tarahumara, veio a colônia Santa Cecília, à borda do barranco de Oblatos, em Guadalajara. Uma colônia de marginalizados, uma "favela" de migrantes de áreas rurais, atraídos pela esperança de encontrar melhor maneira de sobreviver na grande cidade. Cheguei a essa colônia a convite de Carlos Núñez e de Luis Fernando Arana, o primeiro diretor-geral e o segundo, coordenador do projeto comunicativo do Instituto Mexicano de Desenvolvimento Comunitário (IMDEC A.C), uma associação civil focalizada, então, no desenvolvimento social e, em seguida e até esta data, na "educação e comunicação popular". Foi a segunda vez que fui convocado e desafiado a pensar no que fazer por esses habitantes da periferia com a ajuda dos meios de comunicação.

Afastando-me da Comunicação para o Desenvolvimento e para a Difusão de Inovações (Rogers, 2004), modelos teóricos em voga nesses tempos dos anos 1970, desenvolvi uma proposta de encontro e de recuperação da história por parte dos vizinhos da colônia para tomar consciência da vivência de sua migração, dos motivos que os expulsaram do campo e daqueles que os impediam de inserir-se totalmente na cidade, engrossando as hordas de marginalizados sociais. Com a ajuda de um vizinho desenhista e das gravações dos diálogos nos grupos de trabalho, colocamos imagens na história, o que resultou em quadrinhos em série, em que os vizinhos se reconheciam nas personagens e em seus conflitos, e a leitura partilhada das historietas dava forma às reflexões críticas sobre suas condições de trabalho e carências. A historieta ficou impressa no que – juntamente com meu colega e amigo Luis Fernando Arana, artista, companheiro da licenciatura, com quem também descobri o que é o trabalho em grupo – batizamos de "ALIPUZ", um conjunto de folhas coloridas grampeadas, que distribuíamos todo fim de semana no "festival popular"; também proposta nossa para convocar à participação espontânea e artística daqueles que queriam pegar no microfone para cantar, recitar ou dançar.

Com a emoção dos resultados dessa experiência pioneira, fui concluindo minha licenciatura em Comunicação e envolvendo-me mais na comunicação popular. Em 1974, pensei que uma pós-graduação em Pedagogia viria bem a calhar para melhorar minhas estratégias comunicativas e didáticas, tendentes à produção de aprendizagens. Assim, fui me preparando com o idioma alemão. Já que nesse tempo, a Alemanha se me apresentava como um país atraente e ao mesmo tempo adequado para explorar tecnologia educativa, educação a distância e didática. Consegui a bolsa do DAAD (Serviço Alemão de Intercâmbio Acadêmico) e zarpei para Friburgo em 1975.

A Alemanha – e com ela boa parte da Europa – ofereceu-me uma experiência cultural e linguística única, inesquecível, rica, cheia de contrastes e encontros; no entanto, os cursos na universidade não corresponderam às minhas expectativas. Assistir a uma "Vorlesung" (aula magistral) de um "grande professor" foi, para mim, um triste descobrimento das hierarquias acadêmicas subjacentes e do autoritarismo intelectual, assim como da despersonalização no processo educativo. As propostas teóricas alemãs foram também demasiado distantes da realidade mexicana ou muito próximas de outras realidades distantes, fora de meu alcance naquele momento. Decidi voltar para o México ao cabo de quase dois anos.

Durante meu "tempo europeu", por contraste ou em dialética com a opção alemã, consegui esclarecer melhor meus interesses e a convicção de dedicar-me à pesquisa educativo-comunicativa de maneira fundamental. Assim é que, ao voltar, aceitei o convite para trabalhar no Centro de Pesquisa Prospectiva da Fundação Barros Sierra, na Cidade do México, onde me incorporei plenamente no verão de 1978.

Os quatro anos de trabalho como pesquisador nesse Centro me permitiram fazer uma imersão significativa no campo acadêmico e burocrático da educação no México. Pude conhecer famosos estudiosos da educação, como Pablo Latapí, a quem pedimos que escrevesse o prólogo de nosso livro (mencionado anteriormente), com quem, em seguida, concretizei outros projetos e a quem passei a admirar desde então. Também fiz intercâmbios com o próprio secretário de educação em exercício e, de modo especial, com seu subsecretário de planejamento educativo, o cientista Emilio Rosenblueth, e com os administradores e diretores educativos do sexênio.[1] Conheci, a partir de dentro, os processos de financiamento e de tomada de decisões na educação pública nacional. Deixei de lado a comunidade dos comunicólogos, exceto por minha participação na histórica reunião fundante da AMIC (Asociación Mexicana de Investigadores de la Comunicación), em 1979.

As opções profissionais mostram-se decisivas na construção do próprio campo de trabalho e de pesquisa. O resultado manifesta-se no objeto de estudo. É preciso um pouco de sorte, de muita perspicácia e até ousadia. Tais opções são um desafio e são provisórias. Mister se faz desenvolver a sensibilidade para saber quando deixá-las e mudar. Exige-se saber buscá-las e propiciá-las. É preciso aprender a atravessá-las e, às vezes, a sobreviver a elas. O que aprendi, ao cabo de quarenta anos estando em diversas opções profissionais, é que sempre implicam uma dialética: por vezes é mais importante como se constroem, outras vezes como se recebem e se assumem. Em nenhum caso, porém, as opções vêm de graça. Têm consequências, esboçam o rumo, demarcam os objetivos, medeiam o objeto de estudo.

Voltando de meu doutorado e com a ideia de abrir um centro de pesquisa em estudos de recepção, com ênfase em formação das audiências, deparei-me com uma comunidade de pesquisadores que se estava constituindo, formada por colegas da Universidade Ibero-americana na Cidade do México, que justamente estavam abrindo um conjunto de programas institucionais de pesquisa e uma nova direção-geral de pesquisa e pós-graduação. Era o ano de 1983. Depois de uma entrevista com quem era responsável, recebi o convite para juntar-me a esse projeto substancioso dessa Universidade e a nomeação como coordenador de um Programa de Pesquisa em Comunicação. Houve entre nós sinergia imediata, e foi assim que conseguimos desenhar e pôr em andamento o que foi o Programa Institucional de Investigación en Comunicación y Practicas Sociales [Programa de Pesquisa em Comunicação e Práticas

---

[1] O *Sexênio Democrático* ou *Revolucionário* é o período da história espanhola decorrido entre o triunfo da revolução de setembro de 1868 até o pronunciamento de dezembro de 1874, que marca o início da etapa conhecida como Restauração bourbônica, caracterizada por certa estabilidade institucional devido à construção de um modelo liberal de Estado e à incorporação dos movimentos sociais e políticos surgidos com a revolução industrial, até a sua progressiva decadência, que conduziria à ditadura de Primo de Rivera em 1923. [N.E.]

Sociais], mais conhecido como PROIICOM, que durou seis anos mas marcou a direção nos estudos de audiências na América Latina e até mesmo fora do continente. Esse projeto e as quatro séries de publicações, das quais os Cadernos do PROIICOM são os mais conhecidos, foram, sem dúvida, um exercício de audácia acadêmica, um projeto múltiplo de pesquisa e de difusão, um sonho, meu sonho, tornado realidade e uma experiência com a qual me senti completamente identificado.

Uma das estratégias que mais contribuíram para o êxito desse Programa foi a difusão dos resultados de nossas pesquisas em distintos formatos, para diversos setores de leitores. Com a convicção de que "uma pesquisa não está concluída até que seja publicada e distribuída", centramos grande parte do esforço pessoal, coletivo e institucional na divulgação. Buscamos leitores acadêmicos e estudantes universitários, e procuramos dizer-lhes algo que terminasse por lhes ser minimamente relevante, assim como também a outros grupos acadêmicos e profissionais dentro e fora do México. Procuramos evitar ser impessoais, buscando conectar, por exemplo, resultados sobre "visões e ambições" dos telespectadores, com a situação nacional e latino-americana sobre Direitos Humanos ou com os Direitos à Informação e a nova ordem democrática a propósito. Trabalhamos como comunicadores no sentido pleno da palavra, fazendo pesquisa e difundindo-a. O PROIICOM funcionou de 1989 a 1996, ano em que deixei essa Universidade para passar um ano sabático na de Guadalajara.

A delimitação do objeto: da emissão à recepção

De 1978 a 1982, estive inserido plenamente na dimensão educativa, e bem mais imerso nos processos de tomada de decisões a partir da cúpula do setor educativo. Isso significou que meu posicionamento foi, evidentemente, no lado da emissão. Quis fazer uma ponte a partir daí até a comunicação. Sem estar totalmente consciente de todas as implicações de optar por uma ou outra universidade, a única coisa que nesse momento me estava clara era que a Europa estava muito longe da América Latina. Dado que a pesquisa focalizou-se nos Estados Unidos, Stanford ou Harvard foram as opções selecionadas e, finalmente, minha escolha recaiu sobre o doutorado na Escola de Educação de Harvard. Um programa educativo que foi um divisor de águas da televisão educativa mundial. Educação televisiva atraente e eficaz. Isso me pareceu, na época, uma excelente razão para vincular produtivamente, por fim, comunicação e educação. Graças a uma bolsa Laspau,[2] em primeiro lugar, que me garantiu fazer mestrado, e a um programa de intercâmbio Fulbright,[3] imediatamente depois, com o qual realizei o doutorado, Harvard, com minhas duas pós-graduações, chegou a ser, juntamente com o Iteso (Universidade Jesuíta de Guadalajara), o outro cenário universitário significativo em meu caminho acadêmico. Aqui descobri um dos dois elementos que foram fundamentais para a construção posterior de meu objeto de estudo e de trabalho: a situação a partir da qual se olha, define-se em grande parte o problema da pesquisa. Este é sempre um entendimento, uma construção. Não existe independentemente do pesquisador.

Analisando os programas da "Vila Sésamo", dei-me conta de que por toda sua criatividade e eficácia para "usar televisivamente" a televisão para fins educativos, era sempre uma proposta a partir da emissão, algo que era caríssimo para qualquer orçamento latino-americano. A realização de seus programas concretos exigia cada vez mais tecnologia e pesquisa. Um exercício ideal para os produtores e para os educadores, mas talvez para os educandos também.

Com essa dúvida, fui caminhando nos dois primeiros semestres nessa Universidade. Quando me defrontei com a tese de uma de minhas mestras, fiquei atônito. Era uma tese em função da programação educativa concebida de maneira reducionista, pareceu-me. A tese avaliava o movimento da pupila dos olhos de crianças telespectadoras diante de pontos opacos e luminosos na tela do televisor. Essa experiência foi muito bem acolhida pelo *Television Children's Workshop*, de Nova Iorque, centro que, a partir da década de 1980, encarregava-se da produção e distribuição mundial de "Vila Sésamo" a um número cada vez maior de países.

Embora a ideia da tese fosse obter conhecimento empírico para melhor manejar e controlar a luminosidade da tela e, assim, evitar que as crianças se distraíssem com uma faísca de luz a mais ou a menos, a preocupação maior era que deixassem de aprender, o que significaria

---

[2] Laspau (Academic and Professional Programs for the Americas) é uma organização sem lucrativos afiliada à Universidade de Harvard que, sob a direção conjunta da Agência Federal de Apoio e Avaliação da Educação Superior (CAPES) e do Conselho Nacional de Desenvolvimento Científico e Tecnológico (CNPq), é a principal parceira na administração das bolsas de estudo do *Programa Ciência sem Fronteiras (CsF)*, modalidade doutorado pleno nos Estados Unidos.

[3] Entidade binacional que promove, desde de 1957, intercâmbio educacional de alto nível entre o Brasil e os EUA.

que a mensagem não havia sido totalmente recebida, muito menos teria sido eficaz. Note-se que a eficácia da mensagem estava em sua própria construção comunicativa e técnica que, além de usar adequadamente os elementos audiovisuais, buscava, em seu conteúdo, a eliminação dos "ruídos". A qualidade não ficava à deriva do intercâmbio com sua audiência nem considerava sua interlocução. Era um claro exemplo da famosa hipótese da "Agulha hipodérmica", subjacente na construção comunicacional e pedagógica em todo o seu apogeu.

Por outro lado, pareceu-me que, independentemente do resultado que se alcançara com esse tipo de programação, simplesmente não se tocava no problema educativo maior! E qual era esse problema? Os efeitos educativos não desejados do restante da programação que as crianças e todas as audiências viam diariamente na televisão comercial de entretenimento. Assistir à "Vila Sésamo", em si, era ou poderia ser positivo, mas o que fazer com o resto da programação? Aí se manipulava, incitava-se ao consumismo, produziam-se e difundiam-se estereótipos, excluíam-se setores da população, levava-se a cabo a definição da agenda, e assim por diante. Esse me pareceu ser o problema educativo com a televisão, o qual me distanciava e me distanciou definitivamente da programação educativa, sem deixar de reconhecer os valores intrínsecos de uma boa produção televisiva com metas de ensino-aprendizagem.

Com o acima exposto, descartei de meus objetivos tudo o que tinha a ver com tecnologia educativa para ensinar, com educação a distância, com aperfeiçoamento didático da mensagem educativa, com os níveis de redundância para que a mensagem permaneça e produza o aprendizado desejado.

Confesso que tive um duplo sentimento. De um lado, uma grande decepção, educativamente falando. Minha busca e aposta, durante mais de uma década, havia sido por programação educativa e, agora, teria de modificar radicalmente a perspectiva. Por outro, senti-me liberado, já que o futuro no México ou em qualquer outro país de terceiro mundo não parecia muito promissor seguindo-se o caminho da instrução com a ajuda de meios e tecnologias. Menos ainda penando na raquítica existência dos meios públicos e sua abrangência restrita ante o grande monopólio e cobertura dos meios privados. Foi então que ajustei o enfoque de meu esforço para a "educação das audiências" como tais, para sua formação como telespectadores críticos. Seria "diante e não por trás" das telas, nem com elas desligadas, onde finalmente deveria desenvolver as habilidades e juízos, os critérios e destrezas analíticas dos telespectadores, como demonstrei ao emblemático escritor mexicano Carlos Fuentes, em um café da manhã com ele em Cambridge, Nova Inglaterra, quando se ufanava de que seus filhos estavam em um internato na França, onde o melhor era que "não havia um só aparelho de televisão".

Nesse momento me dei conta, e, em seguida, corroborei com Bourdieu, em sua entrevista televisiva, em que acabou criticando a própria televisão, de que esse é "o mau-olhado dos intelectuais", como sabiamente o condensou, posteriormente, Jesús Martín Barbero.

Todo o exposto significou uma série de rupturas epistemológicas, conceituais e tecnológicas que, em parte, ficaram plasmadas em um texto publicado em inglês (Orozco, 1987), ao qual, recordando sempre esse insigne colega comunicador latino-americano, Luis Ramiro Beltrán, que havia palestrado sobre os limites da *Communication Research*, fiz um crítica, modesta mas também o mais exemplificada e contundentemente que pude, à falácia dos efeitos educativos da televisão, já que, acumulando resultados, não teriam sido capazes de explicar-lhes as causas.

Esse texto, além de ter servido de relatório em um congresso sobre televisão apresentado na Universidade de Londres, o primeiro ao qual eu participava como orador convidado, foi o preâmbulo de minha tese doutoral, o que se conhece nas universidades americanas como o *Qualifying Paper*.

Em primeiro lugar, era preciso transferir-se de um paradigma de produção de conhecimento baseado no ensino, ou seja, na instrução e realizado através da transmissão e da difusão, para outro em que o conhecimento ia sendo mediado, facilitado, mas que se realizava em interlocução com os próprios sujeitos participantes. Conhecimento e aprendizagem que se conseguiram em processos não de memorização, nem de cópia de modelos, mas de exploração e descobertas. Era preciso assumir que de qualquer programa aprende-se, mesmo que não seja "educativo". E às vezes até mesmo admitir que se aprende mais do que se pretende ensinar, em relação àquilo que foi realizado de forma magistral para isso. Era necessário abrir o próprio conceito de educação, e hoje, diria, fazer romper seus limites como um processo instrutivo, para poder abarcar quase todos os processos da vida.

A ciência hegemônica era incapaz de proporcionar uma explicação para a ocorrência desses efeitos televisivos e, em geral, midiáticos (Garfinkel, 1990). Por exemplo, não havia evidência que permitisse saber como conseguir ou provocar diretamente o aprendizado na televisão, ainda que se pudessem documentar resultados e, seguramente, dar exemplos de programas bem-sucedidos educativamente.

O problema fazia-se mais evidente e crucial para mim e para qualquer um que quisesse mudar o *statu quo*, pois, tendo-se os resultados, não se podiam especificar as causas. Isso colocava um grande problema de intervenção para corrigir processos e modificar resultantes, coisa que, evidentemente, era e é crucial para inverter os efeitos educativos não desejados da programação televisiva nas audiências, tanto como para propiciar uma educação desejável e facilitar as aprendizagens.

Com a assessoria de um grande filósofo, Israel Shaeffler, meu professor em Harvard, considerado o último espécime vivo da Filosofia Analítica dedicado à educação, exploramos se, em vez de explicações, era possível falar de "substanciações" (Shaeffler, 1983), ou seja, de possíveis causas que "deveriam ter ocorrido" para produzir o acontecimento ou resultado, ou evidência conhecida, mas sobre as quais não se tinham nem certeza nem controle, isto é, tudo ficava no hipotético.

Foi até muito tempo depois, cerca de quinze anos, talvez, que pude solucionar esse ponto da explicação. Para isso, ajudou-me muito o trabalho do colega dinamarquês Klaus Jensen (1995), que recupera Pierce, excluído da ciência hegemônica por seu posicionamento dissidente e, definitivamente, não venerado em Harvard. Na proposta pierciana, revela-se e ressalta-se uma terceira maneira de lógica científica que não é nem dedutiva nem indutiva, mas abdutiva. Ou seja, o que se abduz é o caso, não a regra nem o resultado. Desse modo, determina-se o que deve ter ocorrido, não somente como um exercício de possibilidade, mas com a certeza de que foi assim. Essa é a diferença em relação à substanciação.

Para conseguir o que se expôs, observam-se os indicadores revelados, que se interpretam a partir de uma regra ou regularidade derivada de uma concepção do objeto abordado. A abdução, pois, juntamente com a "teoria dos indícios" do historiador italiano Ginzburg (1994), permitiu-me aprofundar a história, principalmente nas relações sobre a trajetória das televisões no México. História cheia de episódios obscuros, opacos, inexpugnáveis de maneira aberta ou explícita, porque estão carregados de poder, e o poder costuma não ser transparente. Apesar disso, com essa estratégia epistemológica, pode-se determinar tudo isso que teve de acontecer, sem tê-lo visto.

Essa lógica "abdutivo-indicial" permitiu-me, por exemplo, reconstruir o caso da "abolição da competência" no desenvolvimento dos meios no México, e "explicar" concretamente o que aconteceu quando se permitiram os ataques às instalações e à antena da CNI-Canal Quarenta, que influenciava com verdadeira competência a Televisa e a TV Azteca, e ameaçava romper o eficiente duopólio delas (Orozco, 2004).

Aprendizagens rotativas

Ao longo de quatro décadas, são incontáveis as aprendizagens que se conseguem. Como amostra, algumas das premissas, fruto de minhas "idas e vindas" com o objeto de estudo, são as seguintes: sempre estamos na possibilidade de aprender, mas nem sempre estamos na possibilidade de ensinar. O ensino é restrito, a aprendizagem é aberta, quase interminável. O aprender não depende unicamente do ensinar, pois se aprende de muitas maneiras: pela descoberta, pela tentativa e pelo erro, tanto ou mais do que como resultado de algum ensinamento. A escola, que se apropriou da hegemonia da educação por meio da instrução, opõe-se a que outras instituições também promovam o educativo. É preciso romper esse monopólio e a crença generalizada de que educação só tem a ver com o escolar. Esse seria o caso dos meios de comunicação de massa e, hoje, das diversas tecnologias e das redes sociais que, sem reconhecer-se educadores, estão educando, e o produto de sua educação é polêmico, pelo menos, e nem tudo o que conseguem vale a pena. Tampouco é essencial ou necessário, mas nem por isso inexistente. O futuro dependerá cada vez mais da própria capacidade de aprender do que das opções de ensino das quais se possa participar.

As aprendizagens estão em concorrência, e as instituições que buscam influenciar a educação, também. O resultado é uma luta para formar os cidadãos. Às vezes ganha a escola, outras vezes a família, outras ainda a religião. Contudo, faz tempo que quase sempre ganham os meios de comunicação. No crescente tempo consumido neles, em suas diversas formas de convergência de seus conteúdos e nas distintas interações com plataformas e telas, literalmente "a vida da gente se vai". A de uns mais que a de outros. Contudo, cada vez mais, nessa interatividade condicionada, em meio à torrente ou ao fluxo informacional, total ou tangencialmente, é que nós fazemos e refazemos, corrigimos, imaginamos e produzimos comunicação e identidades.

Minha tese doutoral consistiu precisamente em demonstrar a socialização partilhada e rivalizada de três instituições: televisão, família e escola na formação das crianças mexicanas.

Minha guerra com os paradigmas e modelos vigentes

Em meados dos anos 1980, a guerra para fazer ciência ou pela ciência legítima acabou perpetrando-se entre as perspectivas qualitativa *versus* quantitativa. A visão dominante em Harvard, como na maioria das universidades do primeiro mundo, era a quantitativa. Minha proposta de tese não foi assim. Não me parecia relevante contar os efeitos socializadores nas crianças, foco de minha pesquisa. Efeitos que não tinham explicação, como eu havia demonstrado. A banca avaliadora não aprovou. Recomendaram-me fazer uma pesquisa quantitativa. Tentei, a refiz e a submeti. Foi rejeitada mais uma vez. A lógica científica subjacente revelou-se um híbrido, ainda que propusesse detectar tendências e o que era próprio do pensamento numérico. Finalmente me voltei para um enfoque qualitativo, apoiado em dados e percentagens de índices de analfabetismo, repetência e abandono escolar, reprovação etc. Então, meu protocolo de pesquisa foi aprovado. No fundo e sem estar plenamente consciente disso, o que propus foi uma "triangulação" apoiada mais nas estratégias qualitativas como análise de conteúdo, entrevistas semiestruturadas e observação participativa de crianças e famílias que assistiam à televisão, do que em ferramentas quantitativas, como um questionário sobre o que é visto na TV, as preferências, os horários de consumo e coisas do gênero.

Contudo, o conflito não foi somente nesse nível de construção de conhecimento, mas também quanto ao conceitual teórico, próprio da comunicação. Ao abandonar os "ensinamentos" de meus mestres construtores de "Vila Sésamo", voltei o olhar para os Estudos Culturais da Escola de Birmingham, que por volta da metade da década de 1980 já eram amplamente reconhecidos, mesmo que nem sempre completamente legitimados. Serviram-me muito. Ofereceram-me muito do que a *Communication Research* não o fizera. Ou seja, obtive deles uma maneira mais cultural e complexa, muito menos mecânica e funcional, de entender a relação entre meios e audiência.

Todavia, na Escola de Educação de Harvard, não havia quem acreditasse nos Estudos Culturais. Busquei na Psicologia Social o que findou por ser uma categoria importante em minha pesquisa empírica: os "roteiros mentais" que eu quis tornar representativos dessa antecipação mental em sequência de ações e pensamento, para comparar com os roteiros televisivos da programação comercial e, finalmente, produzir indicadores da socialização institucional ante a televisão.

O desafio maior em minha abordagem qualitativa foi que, apesar do exposto, tinha de mostrar como se produzia a aprendizagem socializante nos sujeitos implicados depois de sua exposição à programação. Não se podia ser subjetivo e mencionar apreciações em algum fundamento empírico. O que era precisamente o caso para grande parte da pesquisa ideologizada da época, na América Latina. E que continua a sê-lo por "excesso de assunto" e carência de trabalho de pesquisa em muitas das análises que continuam a ser realizadas no mundo (Orozco, 2011).

Como gostaria que naquele momento, em 1987, quando concluía a redação de minha tese, tivesse encontrado o livro de Jesús Martín-Barbero, *Dos meios às mediações*! Sentir-me-ia acompanhado. Quando já havia entregado o manuscrito final de minha tese e estava na fase de revisão, chegou às minhas mãos um exemplar que um colega mexicano me enviou de Harvard. Li-o imediatamente. Primeiro, senti saudade, depois me senti reconfortado. Enchi-me de ânimo com suas páginas. Senti que havia encontrado um interlocutor. Consegui colocar uma referência martín-barberiana como epígrafe em um dos capítulos, visto que me pareceu ilustrar de maneira genérica o que havia sido minha vivência acadêmica em Harvard, porque reproduzia sintética e brilhantemente justamente isso, o epicentro de minha batalha intelectual durante o doutorado: "Não foram somente as limitações do modelo hegemônico que nos forçaram a mudar paradigmas, mas os fatos teimosos, os processos sociais na América Latina é que mudaram nossos objetos de estudo como pesquisadores da comunicação" (Martín-Barbero, 1987, p. 224).

Da recepção à interlocução, à produção, e de volta à emissão

O caminho prossegue. Alguém disse que a criação científica é como o oscilar de um pêndulo, ora para um lado, ora para o outro. E em comunicação, assim tem sido em grande parte. Depois da grande frase de que "O meio é a mensagem", os estudos culturais e, em seguida, a ciência política e a economia emergiram como disciplinas substitutivas e explicativas do comunicativo. Foram-se concedendo o *sensorium* acadêmico legítimo para explicar a comunicação. Juntaram-se à semiótica, que predominou, durante décadas, nesse campo acadêmico. Lançaram-se fora as visões psicologistas e mesmo psicossociais que predominaram com a *Communication Research* anterior, e com elas também se abandonaram objetos de estudo como os da violência e os meios, e determinadas perspectivas, como a da mediação dos formadores de opinião e do *Two-step flow of information* ["teoria do fluxo comunicacional em duas etapas", "modelo dos dois tempos"], que foram condenados por provirem da sociologia funcionalista. Jogou-se fora a água suja da bacia, juntamente com a criança.

Foi difícil recuperar alguns restos com uma intenção de reciclagem. Os ensinamentos mcluhanos foram revisitados e estão na base de uma nova perspectiva da Ecologia dos Meios *(Media Ecology)*. A teoria do meio *(Medium Theory)* e a corrente da Mediação bebem em Mcluhan, ainda que "não de maneira determinista, mas probabilística", como o deixou claro o colega Meyrowitz (2008).

Por sobre o próprio desenvolvimento de minha pesquisa e apegado à "Teoria Fundada", fui construindo uma série de conclusões parciais, das quais a mais importante era aquilo que eu denominava, então, a "intermediação múltipla" dos processos simultâneos de socialização nas crianças. Isso levou ao que se tornou central em minha proposta do "Modelo da Mediação Múltipla", em que fui destacando e substanciando uma série de mediações intervenientes nos processos comunicativos, tanto a partir do emissor quanto da mensagem e de sua circulação, bem como a partir da recepção, de seus processos, de seus contextos, de seus cenários e de suas audiências.

O modelo da Mediação Múltipla é uma plataforma epistemológico-metodológica, a ser completada com a fundamentação de teoria resultante em cada pesquisa. A lógica desse Modelo permite entrelaçar diferentes mediações, segundo suas fontes, com setores concretos de audiências. Nesse Modelo, pois, a "mediação midiática" está presente não *a priori* nem necessariamente destacada com maior ênfase, mas somente está lá. Seu peso específico dependerá de como se entretece com as outras mediações em um objeto de estudo particular. Contudo, não se pode tampouco dissolver ou esquivar-se, ou adiar-se por razões voluntaristas. Ou seja, o meio continua vigente não de maneira determinista, mas exercendo uma mediação própria e distinta, junto a outras, concorrendo mas completando, assim, o "jogo da mediação". A depender das características desse jogo, o resultado será a apropriação e subsequentes apropriações de sentido por parte dos participantes na comunicação.

A partir de fora da arena acadêmica central, travaram-se outras lutas colaterais menores, enfatizando-se outros elementos. Com a tecnologização galopante da informação e, especialmente, a partir das convergências e da interatividade que a dimensão digital permite a todos, há um crescente esforço por querer começar tudo de novo. Simultaneamente, multiplicam-se as tentativas, estimuladas pelo sensacionalismo possível que a irreverência perante os cânones teóricos vigentes provoca, ou pelo deslumbramento com as tecnologias e a desconcertante participação das audiências nas redes sociais. Alguns colegas até decretaram a morte da televisão, do livro ou da imprensa escrita, e não somente uma, mas várias vezes! E os antigos meios continuam aí, reciclando-se em formas e formatos adequados às condições contemporâneas de consumo (Carlón e Scolari, 2009). Outros declararam a morte das audiências e de seus modos de recepção, aludindo que, com o Google, primeiramente, em seguida com o *Facebook* e depois com o *Twitter*, vive-se o efeito de sucessivos renascimentos: "antes de" e "depois de" cada rede social, mudariam toda a interação social (Piscitelli et al., 2011).

As maiores "minas" no campo da comunicação, no entanto, vieram da "culturologia". Por alguns momentos, os estudos culturais, em geral, iluminaram os processos comunicativos. Eu mesmo me refugiei na perspectiva da Escola de Birmingham, para evitar reducionismos e funcionalismos na exploração de todas as interações comunicacionais. Contudo, a cultura e os culturólogos intrometeram-se demasiado, para meu gosto, em um campo que não lhes pertence totalmente, nem se reduz ao hermenêutico ou ao identitário. Esse é um problema maior. Muitos quiseram excluir o papel e, principalmente, o peso dos meios e da tecnologia na mediação da comunicação. De repente, parecia que tudo se tornara significado e interpretações, e se havia acabado a materialidade, essas outras presenças carregadas de sentido e capazes de influenciar os processos comunicativos. Em grande parte dos estudos latino-americanos de comunicação desaparece a tecnicidade e a capacidade de mediação próprias de cada dispositivo ou tela. Reduz-se a presença do gênero de programa enquanto marco e também a força do formato audiovisual como dispositivo comunicativo. Em contrapartida, exacerba-se a leitura como atividade excludente de outras existentes na interação com os meios e as tecnologias. Tecnicamente, muitos colegas, comunicólogos, inclusive, insistem em denominar "ler" onde se vê, se sente, se intercambiam emoções, sons, imagens, e não codificação de símbolos ou letras. A palavra leitura dilata-se para incluir, erroneamente, "recepções" e "escutas" (Orozco, 2011). Como bem disse Gramsci: "O novo modelo não consegue nascer, em grande parte porque o velho não chega a morrer".

Como também argumentaram, em diferentes momentos, os colegas mexicanos Sánchez e Fuentes (Sánchez, 1997), a pesquisa em Comunicação sofreu uma tríplice marginalização como atividade de pesquisa dentro das ciências sociais. Contudo, parece-me, continua sofrendo principalmente a falta de legitimidade em diversos setores acadêmicos. E também a falta de habilidade dos muitos que a realizam. Tem-se a impressão de que as explicações essencialmente comunicativas não teriam toda a força necessária, por si mesmas, para dar conta de seus temas; portanto, é preciso agregar-lhes cultura ou semiótica, e convidar à recepção, ao consumo!

Independentemente dos fervores disciplinares e da miopia de alguns autores – que sempre houve dentro e fora do campo de estudos da comunicação –, percebe-se também que, em parte, a discriminação do comunicativo e de seus meios e dispositivos tecnológicos como dimensão explicativa do intercâmbio social foi facilitada pelo fato de que, na pesquisa do ato de assistir à televisão, muitas vezes se eclipsou essa relação fundamental entre comunicação e poder, ao reduzi-la funcionalmente aos famosos efeitos dos meios em setores específicos de audiência (Orozco, 2011).

Ações que, na América Latina, constituíram-se em metas prioritárias de grande parte da pesquisa realizada a partir da academia, com diferentes acentos ideológicos, já haviam sido tidas como imperialismo cultural, imposição do capitalismo, fomento ao consumismo ou erosão dos valores nacionais e familiares.

Apenas há pouco tempo é que entre intelectuais e no mundo acadêmico da comunicação se voltou a reconhecer a centralidade do comunicativo e, de modo específico, da "mediação midiática" e de sua relação policromática com o poder. Essa centralidade engloba tanto o nível estrutural, político-mercantil, caracterizado pela centralização excludente do controle dos meios e das tecnologias no mundo, quanto o nível mais interpessoal, em que o poder se conecta com o emocional das audiências, através das próprias narrativas ou discursos dos programas, e a partir daí vai à dimensão racional, combinação necessária para o gerenciamento das audiências em tantos cidadãos. Como o expressou

Castells: "O poder na sociedade em rede é o poder da comunicação" (2009, p. 89).

O desafio de hoje e rumo ao futuro com a educomunicação

O século XXI trouxe uma série de mudanças e confirmou algumas pesadas tendências de décadas anteriores. O mais significativo para um educomunicador é entender o que aqui chamo de "condição comunicacional" de nosso tempo (Orozco, 2009). Esta, pois, consiste em primeiro lugar em um recolocar no centro o comunicativo como dimensão prioritária para entender as sociedades hoje em dia. Engloba a assunção do poder como intercâmbio nas interações, especialmente através do discurso, de seus gêneros e formatos. Inclui, ao mesmo tempo, a consideração dessa mudança fundamental pela qual, como audiências, as sociedades atuais podem deixar de ser identificadas essencialmente por seu *status* desprovido de poder, quase sempre como receptoras de meios de comunicação de massa autoritários, para começar a ser reconhecidas por serem/estarem ativas, cada vez mais criativas, na produção e na emissão comunicacionais.

É essa "condição comunicacional" que permite aos participantes dos processos comunicativos mediados por telas desconstruir, de maneira real ou material, e não somente reinterpretar, ressignificar ou desconstruir simbolicamente, como de fato sempre foi possível, os objetos e referentes de seu intercâmbio comunicativo. E é também essa condição comunicacional que modifica as possibilidades de transformação, de criação e de participação real possível (e desejável) dos sujeitos-audiências, a partir de suas interações com as telas.

Especificamente, a mudança de papel ou de *status* das audiências, que já se percebe entre setores sociais tecnologicamente avançados, manifesta-se em um trânsito, por enquanto e, talvez, em seguida, em uma mutação, de audiências para usuários, participantes, "prossumidores" ["produtores e consumidores"], visto que a interatividade que as novas telas permitem transcende a mera interação simbólica com elas.

Em teoria, essa passagem possível e, evidentemente, desejável de receptores para produtores e emissores, que não é automática, como defendem alguns autores, como Piscitelli (2010), é, talvez, uma das transformações sociais mais significativas hoje em dia, e à medida que se concretiza, será também cada vez mais o epicentro de outras mudanças no "estar como espectadores" na conformação e negociação de identidades, e, finalmente, na própria produção informativa e cultural, no que seria propriamente uma cultura da participação.

Essa passagem de audiências receptivas, embora não irremediavelmente passivas, pelo menos, nem sempre, para audiências produtoras, posto que tampouco necessariamente criativas ou críticas, não é a mesma que esse outro processo de "migração digital", tão acariciado nos últimos anos, que alguns sugeriram idealisticamente. Ser "migrantes digitais", segundo a categorização cunhada por Prensky (2001), independentemente da polêmica que daí resulte, tem como referência a dimensão digital como detonadora da mudança, mas exclui o *status* anterior da dimensão analógica, plataforma de partida das transformações posteriores para a maioria das audiências viventes, ou seja, para a maioria dos "participantes" que não nasceram na era digital.

Isso é sumamente importante como premissa epistemológica para a investigação das interações na sociedade em rede, porque aponta precisamente para o sujeito da comunicação e sua compreensão na pesquisa que se realiza. Conforme se assuma o sujeito participante, assim será a maneira de interpelá-lo, de projetá-lo nas produções audiovisuais e de apoiá-lo, finalmente, nessa grande aventura que é, hoje em dia, ser audiência, ser participante de muitas maneiras ao mesmo tempo, e poder crescer a partir delas.

A passagem de audiência para usuário – categoria temporariamente aceita, mesmo que sempre relativa (Scolari, 2008) –, ao contrário da migração digital, ao carregar como referente a dimensão analógica, permite aproveitar e capitalizar as compreensões sobre as interações de agências e telas antes do digital, as quais – como já enfatizamos – não acabam de desaparecer na nova dimensão de sociedades em rede.

Estou convencido de que é precisamente com uma compreensão na direção do analógico para o digital que se pode aproveitar os conhecimentos e os resultados de pesquisas anteriores com as antigas telas, e conectar para explicar, de maneira mais realista, o que acontece com as novas. Tudo sob a perspectiva de que continuamos sendo audiências, mudando de papéis mas sempre em relação às telas, que é o que nos confere tal categoria.

Essa concepção da mudança como passagem repercute em outros âmbitos, como no da geração de conhecimentos e de saberes, no da pesquisa desejável e relevante de, com e para as audiências/usuários, assim como no da assimilação e circulação de informação e da construção de aprendizagens (Orozco, 2009); e, de maneira particular, repercute nas formas de investigar o entretenimento, o divertimento e a geração de emoções e de sensações (Gitlin, 2004).

Para a educomunicação, focalizada historicamente em modificar a interpretação dos produtos midiáticos feita pelas audiências, o desafio contemporâneo maior é, agora também e principalmente, formar as audiências para assumirem-se como emissores e interlocutores reais, não somente simbólicos dos meios e dos demais produtos intercambiados nas redes sociais. Se antes foi fundamental formar para a recepção, agora é imprescindível formar também para a emissão e produção criativas. Isso visa tornar realidade essa cultura de participação que as redes sociais estimulam e possibilitam, mas que a maioria das audiências, pelo menos nos países ibero-americanos, ainda não assume plenamente. Os novos participantes na comunicação têm de aprender a ser comunicadores. E isso é um desafio complexo, político, cultural e socioeconômico, mas que começa com a comunicação e a educação.

Capítulo 2

Audiência, recepção e mediações[*]

Nem a televisão é somente um meio de comunicação, mas muitas coisas ao mesmo tempo, nem as audiências são apenas audiências. Por isso, quando se relacionam com a televisão ou com qualquer outra tela, as audiências fazem-no de diferentes maneiras, e seus processos de interação com o audiovisual, a que me refiro como processos de assistência televisiva, são processos sempre mediados.

Uma primeira avaliação das assistências televisivas e sua complexidade tem a ver com as cinco dimensões do próprio meio audiovisual, analógico ou digital, nesse caso, a televisão: dimensão tecnológica, dimensão discursivo-linguística, dimensão midiática, dimensão institucional e dimensão estética.

Brevemente descritas, a primeira dimensão, a tecnológica ou "tecnicidade", diz respeito às características técnicas intrínsecas de cada meio. No caso da televisão, estas se referem à sua capacidade de "re--produzir" a realidade e transmiti-la no exato momento em que ocorrem acontecimentos, com um grande nível de fidelidade e de verossimilhança.

A dimensão "discursivo-linguística" refere-se ao fato de que no televisivo – e, em geral, no audiovisual – há duas linguagens, pelo menos: a auditiva e a visual, além de uma série de efeitos sonoros e visuais, musicais e vocais, que conformam os discursos. Este, por sua vez, está estruturado por formatos e gêneros a partir dos quais consegue sua definição, entendendo-se e distinguindo-se dentro do fluxo interminável de imagens e de sons emitidos pelo televisor.

A "midiacidade" ou dimensão propriamente midiática de um meio tem a ver com seu funcionamento distinto em relação aos outros meios. A televisão é, assim, uma fonte de informação e de programação que busca atrair o telespectador, manter sua atenção, gratificá-lo, e que estrutura sua oferta em horários, sendo o horário nobre o de maior concentração de audiência a qual se dirige. O *status* industrial de cada meio faz parte de sua midiacidade distintiva.

---

[*] Texto atualizado a partir do original publicado como capítulo no livro do próprio autor: *Televisión, Audiencias y Educación*. Argentina, Norma, 2001.

36 • Educomunicação

Os meios de comunicação e as tecnologias de informação contemporâneas têm uma "institucionalidade". Não estão flutuando por aí, mas sim ancorados nos sistemas sociais, culturais e políticos de maneiras específicas. As televisões se constituem em empresas televisoras públicas ou mercantis, fixas, nacionais ou regionais e locais etc. Cada tipo de ancoragem dá uma institucionalidade específica.

Finalmente, a dimensão estética, ou "esteticidade", significa a conjunção das dimensões anteriores sob um estilo e uma qualidade, uma perspectiva de comunicação particular, que tem a ver com a cultura e a arte ao mesmo tempo. A estética televisiva é como a marca do produto que o telespectador pode reconhecer segundo a procedência da empresa produtora de procedência.

Mediações

Cada uma das dimensões anteriores exerce uma mediação distintiva em suas audiências, fazendo do processo de assistência televisiva um processo necessariamente multimidiado.

Ver, "escutar", perceber, sentir, gostar, pensar, "comprar", avaliar, guardar, retrair, imaginar e interagir com a televisão são atividades paralelas ou simultâneas de um longo e complicado processo de interação com as telas.

Essas atividades, às vezes, realizam-se de maneira imperceptível ou não são percebidas pelos sujeitos-audiência; outras vezes umas predominam sobre as outras. Apesar de implicar um alto grau de automatismo e de traços individuais, cada uma dessas atividades exerce mediações significativas, visto que todas são objeto de mediações e sempre se encontram situadas e contextualizadas.

Micromediações

Em uma segunda e mais profunda abordagem da compreensão das audiências da televisão deve-se sublinhar que os "jogos" de mediação de natureza diversa e profunda que acontecem na assistência à televisão permitem apreciar os "lugares de onde" os sentidos derivam.

As combinações mediacionais com segmentos específicos de audiência sempre são uma interrogação empírica para sua exploração.

Necessariamente, um primeiro conjunto de mediações provém do âmbito individual dos sujeitos-audiências, portanto, sujeitos particulares, com características próprias, algumas, inclusive, únicas e singulares, resultado de suas heranças genéticas, de seus desenvolvimentos e trajetórias vitais pessoais, de suas aprendizagens anteriores e das apropriações peculiares de suas experiências, de sua criatividade, audácia ou inibição, mesmo que também de suas "visões e ambições" (Fuenzalida e Hermosilla, 1991) até e para além da televisão.

O nível educativo, a maturidade emocional, o desenvolvimento cognitivo específico, a inserção laboral-profissional ou sua deserção, a estada no desemprego ou no subemprego, as vivências particulares acumuladas, as vulnerabilidades, concupiscências, sensibilidades, caprichos, estados emotivos e inclinações às cumplicidades dotam de especificidades cada indivíduo membro da audiência e exercem mediações variantes em suas assistências televisivas.

Os sujeitos, individuais na qualidade de membros de uma audiência, concretizam "estratégias televisivas" inspiradas em primeiro lugar no que lhes é característico como indivíduos para, em seguida, concretizar também "contratos de recepção" (leitura ou escuta) a partir de onde se conectam com os de outros, formando "comunidades de apropriação e de interpretação" dos referentes televisivos. Por esse motivo, a recepção televisiva, por mais individualizada que pareça, é um processo altamente culturalizado, na medida em que a sobrevivência supõe ter grupos de interlocução (de apoio, de referência, de identificação etc.), em cuja ressonância se experimenta e qualifica a experiência.

Estudos em diferentes disciplinas foram mostrando que até mesmo o que pareceria mais individual está configurado culturalmente. Esse é o caso das "Inteligências múltiplas" (Garden, 1993), ou das culturas (Morley, 1992), onde se encontram padrões criativos e expressivos que revelam a pertença a comunidades maiores ou a "repertórios culturais" comuns entre setores sociais.

Salvando o espontâneo ou atípico de cada caso, as recepções televisivas implicam altas cargas significantes próprias de comunidades ou de segmentos culturais nos quais os sujeitos, como indivíduos, estão incluídos e se desenvolvem.

As "recepções contratuais", pois, não se dão no vazio sociocultural; são, ademais, mediadas pelas diversas "negociações" e capacidade de resposta, racionalização ou resolução de conflitos realizadas pelos sujeitos que, por sua vez, refletem a existência de padrões, estilos e ênfases que superam o estritamente individual e que, evidentemente, não são naturais, mas aprendidos, posto que sempre manifestados individualmente.

A categoria de "Roteiros mentais", na psicologia social, permite apreciar que até nas situações aparentemente mais naturais, como a de um encontro entre duas pessoas, o tipo de saudação, gestos, palavras que aí se fazem presentes provêm de uma esfera maior que a individual, permitindo a interação. Os roteiros de saudação e de despedida (assim como todos os demais roteiros) estão, além disso, carregados geográfica e historicamente de significado, pressupõem regras e variam de cultura a cultura, de país a país, de região a região ou de época a época (Orozco, 1998).

A própria televisão coloca em cena ou põe para circular muitos roteiros, transformando os existentes, fazendo caducar alguns, enquanto revitaliza outros e introduz novos. Nesse sentido é que pode exercer uma mediação nas atividades e gestões das audiências, na provisão de modelos de atuação para diferentes contextos e situações que, enquanto proporcionam aos sujeitos aprendizagens antecipatórias a situações futuras, comportam estereótipos ou privilegiam caprichosamente roteiros que são predominantes em outros contextos, lugares ou culturas, ou simplesmente promovem a importação de alguns roteiros e a exclusão de outros, legitimando-se e naturalizando-se certas intervenções a partir da tela.

Recepções televisivas de primeira ordem

Diante do televisor, realiza-se a recepção direta e primária das audiências. Os sujeitos, ao interagirem com os referentes televisivos, podem apropriar-se deles ou resistir-lhes, com ou sem a concorrência de outros sujeitos. A presença do outro ou dos outros, enquanto é uma fonte de mediação, integra-se com os contextos racionais, estéticos, emocionais, a partir de onde se assiste à televisão, ancorando-se situacionalmente.

A recepção televisiva primária é tanto um processo inicial e distintivo, especialmente suscetível a mediações situacionais, como também uma resultante de decisões ou intuições prévias, de estratégias e ritualidades televisivas construídas e de várias outras mediações anteriores ao momento de estar diante do televisor.

A própria cotidianidade da recepção televisiva, que pode ter muitos elementos comuns entre diferentes segmentos de audiência e que, como categoria, serve para nomear um tipo específico de assiduidade ou de ritualidade (Silverstone, 1996), como realidade difere de múltiplas maneiras, quer se trate de uma audiência londrina (urbana), circunscrita fundamentalmente à "sala de televisão" (*living room*), quer de uma audiência paraguaia ou das favelas brasileiras, onde a televisão literalmente sai da casa, quando se coloca o televisor à beira da rua, competindo com e ao mesmo tempo unindo as interações vizinhas entre os sujeitos (Tufte, 1997).

A ancoragem situacional dos sujeitos-audiências responde também a seus contextos mais imediatos e intangíveis, a partir de onde haurem suas recepções televisivas. A classe, a etnia, a cultura concreta de inclusão e pertença, a localização geográfica, o nível de renda, o gênero e seus imaginários concomitantes e demais possíveis critérios de segmentação configuram contextos e diferenciam segmentos "de entrada" das audiências, mesmo que essa diferenciação no mediático quase nunca seja final ou definitiva, já que os jogos particulares de mediação desembocam em segmentações que ultrapassam as classes, as gerações, os gêneros, a geografia e o étnico (Orozco, 1996).

Esse fenômeno de múltiplos entrecruzamentos se manifesta empiricamente em pesquisas internacionais específicas, nas quais é possível encontrar resultados partilhados entre diversas audiências durante e depois de televisionar os mesmos referentes televisivos.

Um exemplo já clássico da "transversalidade" televisiva é o da série Dallas, onde se constatou que audiências de vários países alcançaram significações semelhantes, não obstante suas múltiplas diferenças segmentares (para começar, Liebes e Katz, 1990). Outro exemplo internacional é o do estúdio "News of the World" (Notícias do nundo) sobre a recepção de notícias em vários contextos nacionais, em que foi possível comparar posicionamentos profundos semelhantes perante notícias internacionais, entre audiências tão distintas como a mexicana, a dinamarquesa, a americana, a italiana, a hindu, a israelita e a bielorrussa (Jensen, 1998). Um exemplo a mais é o estudo realizado sob a "hipótese do cultivo", quanto à relação entre tensões autoritárias e televisão, que mostrou pronunciamentos conservadores muito semelhantes entre os *heavy viewers* (telespectadores assíduos) argentinos, tailandeses, coreanos e americanos (Morgan e Shanahan, 1995).

Recepções televisivas de segunda ordem

Se a recepção televisiva primária acontece ante o televisor e se mostra enquanto se está em contato direto com o referente televisivo, para além do televisor se realizam as recepções secundárias e terciárias, que, apesar de seu distanciamento do televisor, não são menos importantes.

Ao entender o processo de recepção televisiva como um processo complexo e mesmo contraditório, que antecede e leva adiante o mesmo momento de estar em contato visual e auditivo com a tela, e que se compõe de vários microprocessos e atos televisivos, entender-se-á também que as recepções televisivas passam por diversos cenários. Um é o da própria sala de televisão, mas outros cenários estão mais distantes, constituindo-se, como tais, na medida em que neles permanece algum tipo de contato com o referente televisivo. Um contato que não é direto nem físico (audiovisual) com a imagem e o relato televisivos, mas "ressoante"; isto não o torna, porém, menos definidor do intercâmbio mediado com a televisão.

Além de direto, o contato pode ser indireto, diferido, mediato, cognoscível ou sensorial, simbólico, explícito ou tácito. A recordação, a evocação mental de uma imagem, uma fala ou um roteiro televisivo e a ressurreição de sensações provocadas pela recepção televisiva em outros momentos e lugares da vida cotidiana, colocam os sujeitos novamente em "contato" com os referentes televisivos. O caso das crianças que, ao chegarem à escola, comentam o que viram na tarde anterior na televisão e até brincam de acordo com aquilo, supõe um contato televisivo em um cenário diferente. Supõe também a possibilidade de intervir pedagogicamente na recepção televisiva a partir daí, reorientando a produção de sentidos e redirecionando as apropriações iniciais do que fora visto antes na televisão, ao abrir uma situação de aprendizagem possível para fundamentar os esforços de uma educação das audiências.

Para além da tela, os sujeitos-audiências reproduzem, renegociam e recriam enquanto revivem os referentes televisivos. O que em última instância define, demarca e sustenta a recepção televisiva é precisamente esse contato multiforme, estendido e variado dos sujeitos com os referentes televisionados.

Esse reconhecimento dos cenários e dos múltiplos contatos da recepção televisiva, além de estabelecer a possibilidade de intervenções pedagógicas "a priori e a posteriori" do contato direto, redefine o tipo de evidência empírica que os pesquisadores das audiências devem recolher quando tratam de segmentos específicos de audiência, visto que, de acordo com cada caso, variam os cenários e as possibilidades e permanências de contato.

Macromediações

Como processo, a recepção televisiva transcorre sempre de maneira multimidiática. Não há recepções televisivas puras, além das mediações individuais, situacionais e contextuais que as configuram em seus cenários indiretos.

Identidade e identidades

A identidade ou as identidades dos sujeitos-audiências individuais e as das audiências como estamento coletivo constituem uma das mediações decisivas dos processos de recepção televisiva. Aqui é pertinente a reflexão que faz a respeito Martín-Barbero (1994), quando afirma que as identidades contemporâneas, particularmente reconstituídas a partir do audiovisual-midiático, são cada vez menos essencialistas e mais aglutinadoras ou amalgamadoras.

As identidades precárias ou momentâneas, ou as identidades de moda, são propiciadas pela televisão e pelos demais meios, onde adquirem sentido, enquanto permitem apreciar algumas convulsões das audiências. Por exemplo, o choro telenovelesco de uma mãe latino-americana, provocado pela telenovela a que assiste, não parece contradizer o fato de ser mãe preocupada com o presente e com o futuro de seus filhos, nem com as notícias da quantidade de crianças que diariamente morrem de fome no mundo, com as quais pode sentir-se solidária, mas cuja solidariedade não precisa ser manifestada em seu dilema de assistir à notícia ou à telenovela. Nem certamente os argentinos que vissem a publicidade dos jeans da marca Diesel deixariam de comprá-los, apesar de essa publicidade provocar-lhes evocações da ditadura, ao apresentar jovens, vestidos com esses jeans, lançados de um avião ao mar (Ford, 1999).

Apesar de as identidades não serem essencialistas, monolíticas ou deterministas, não são igualmente superficiais. Por exemplo, explorando os "supertemas" de audiências mexicanas em relação à sua recepção televisiva do acontecimento mundial transformado em notícia televisiva, descobriu-se que a memória da colonização e, particularmente, os resíduos de um sentimento de colonizados persistiam e se manifestavam na recepção televisiva noticiosa, como sentimento de vitimização ante outros países e, em especial, os Estados Unidos, fazendo com que os sujeitos não se sentissem com poder para intervir, nem sequer para opinar sobre algumas das notícias vistas na tela.

Sua identificação instantânea com as vítimas da guerra da Iugoslávia, deflagrada pela notícia da morte de um conterrâneo na cadeira elétrica em um cárcere no Texas, fez aflorar o desdém para com o poderoso, religando-se também ao temor ante o poder autoritário e aflorando sua impotência perante os acontecimentos internacionais. A partir dessa identidade de vítimas, então, justificavam sua passividade perante os fatos noticiosos da televisão em expressões como: "No México, seguimos a política da não intervenção" ou "aqueles que podem, que façam algo" (Orozco, 1996b). Tudo isso mostrou, além do mais, outra face de sua identidade nacionalista, dependente, temerosa, além de conformista e inativa.

A partir de exemplos como o anterior e da literatura internacional sobre etnografia das audiências (Crawford, 1996), torna-se evidente que as identidades profundas das audiências estão presentes de algum modo no ato de assistir à televisão, reafirmando-se ou reconvertendo-se a partir delas e configurando-as. Essas identidades profundas latentes afloram de maneiras diversas e inesperadas nas interações e apropriações dos referentes televisivos, mediando-os e acionando os possíveis usos que suas audiências fazem da televisão.

O resgate desse tipo de fragmentos de identidade, bem como da mediação que exercem em recepções televisivas específicas constituem um dos principais desafios, tanto para a pesquisa como para a educação das audiências.

Percepção e percepções

Outra das mediações mais importantes é a que se realiza através da percepção como atividade e processo múltiplo e cintilante ante os referentes televisivos. O visual e o auditivo, o sensorial, o simbólico, o estético, o emocional e o racional se põem em jogo, configurando um processo cognitivo-afetivo-significante, a um tempo multimidiado a partir de outras fontes, mas distinguível como tal no que tem de interação variada com a televisão, como sua capacidade de mediação, sua institucionalidade, sua tecnicidade e sua linguagem. Por exemplo, o fato, constatado, de audiências femininas desde o Rio Bravo mexicano até a Patagônia argentina considerarem educativas as telenovelas (e outros tipos de programação que não foram produzidos com essa finalidade), e que faz com que recomendem a suas filhas vê-las para que "aprendam para a vida", não é uma perversão materna, mas a manifestação de uma mediação perceptiva. Semelhantemente, o fato de muitas mulheres de classe média, quando indagadas a respeito do que acham atraente nas telenovelas, responderem sem hesitação que são a decoração e o mobiliário das salas-cenários onde transcorre a trama, não é tampouco uma aberração, mas outra manifestação de suas mediações perceptivas, mescladas com as de classe, na medida em que, em seu afã de ascensão social, as telenovelas lhes dão ideias para contextualizar suas aspirações (Orozco, 1988).

A percepção das telenovelas como educativas estende-se a outras programações, como os programas de entrevista, os noticiários e até a publicidade, respondendo, em parte, às demandas que determinados segmentos fazem à televisão e buscam satisfazer, mas também parcialmente devido ao fato de todo referente televisivo ser polissêmico, suscetível de variadas percepções e interpretações (Fiske, 1993).

"A televisão não educa, mas as crianças aprendem dela, sim" – é uma frase que sintetiza um tipo dominante de percepção da programação televisiva entre professores de ensino fundamental em toda a América Latina. Essa percepção tampouco implica contradição, visto que, no fundo, os professores não outorgam à televisão legitimidade para educar, mas nem por isso deixam de reconhecer sua mediação na aprendizagem de seus alunos.

Os sujeitos-audiências vão definindo, a seu modo, os sentidos de diversos programas televisivos, mesmo transgredindo os sentidos conferidos pelos produtores e emissores.

Um âmbito onde se manifesta muito claramente a mediação perceptiva é o da informação. Os programas noticiosos são cada vez mais percebidos como de entretenimento (embora também sejam crescentemente mais produzidos com essa intenção) ou, em todo caso, para se estar em dia e passar o tempo. As audiências não são tolas.

Apesar disso, em uma pesquisa com audiências mexicanas, foi possível constatar não somente a consolidação do fenômeno internacional do "infoentretenimento", cuja ancoragem nas audiências se localiza justamente em sua percepção polissêmica do informativo-noticioso-divertido, mas em uma percepção particular também da televisão como instituição social, já que os entrevistados disseram que sua função principal era a de informar, não a de divertir, como haviam respondido em anos anteriores (Orozco, 2000b). Ante essa mediação perceptiva, Umberto Eco talvez não exagerasse quando dizia que as audiências é que "prejudicavam a televisão".

O fato de as audiências perceberem a televisão como fonte de diversão e informação, confundindo o primeiro com o segundo, e ainda sem distinguir o informacional do entretenimento, certamente não é casual, mas também denota uma percepção crítica ou reflexiva, uma vez que, embora não levem a sério as notícias, tampouco percebem o sutil (e às vezes nem tanto) estabelecimento das agendas pelas instituições, permanecendo em sensações perceptíveis inicias, incompletas ou inconclusas, mas sentidas como suficientes.

As mediações perceptivas impedem a garantia de que as intenções e a ênfase dadas pela televisão a seus programas sejam captadas na mesma tessitura por suas audiências. O afã controlador da televisão e de seus produtores sobre seus próprios referentes encontra na percepção os maiores limites e desafios, ao mesmo tempo que, por outro lado, alivia as preocupações dos críticos apocalípticos, visto que as audiências "dão o troco" à televisão, e o mesmo podem fazer seus educadores através de estratégias adequadas, planejadas intencionalmente para isso (Orozco, 1998).

Instituições e institucionalidades

A mediação institucional, exercida pela televisão como instituição social, constitui um conjunto crescente, mesmo que variante, de mediações. O estabelecimento das agendas de discussão em sociedades e países concretos é, talvez, sua mais clara manifestação. A transformação paulatina dos parâmetros do que é relevante saber, do que se assume como divertido, perigoso, ameaçador, sedutor, importante ou banal, ou do que constitui notícia ou do que é educativo, substancia essa mediação institucional televisiva, que cada vez mais focaliza o espetáculo como proposta de consumo.

Nos inícios do século XXI, a mediação institucional da televisão está experimentando uma revolução sem precedentes, abandonando antigas alianças políticas e concentrando-se no mercadotécnico (quase) como único critério de transformação. As contínuas fusões de empresas televisivas locais, nacionais e internacionais em consórcios e oligopólios transacionais obedecem às metas de maximizar os ganhos em primeiro lugar, relegando a segundo plano a preservação das tradicionais alianças políticas e partidárias que tornaram possível seus desenvolvimentos e consolidações históricas em seus âmbitos domésticos.

Se, até pouco tempo, as censuras políticas constituíam, no interior das televisivas, o critério último para definir sua programação, hoje o critério final é o rentável, o que lhes permita usufruir dos máximos benefícios econômicos. As tensões que o cenário neoliberal-globalizado provocam nos contextos locais e nacionais televisivos encontram-se, agora, em dimensão diversa da terrestre-imediata em que as empresas televisivas estão sedimentadas.

O caso da "mexicaníssima" Televisa mostra com essa é a era dos oligopólios audiovisuais mercantis, das amarras ao mercado, a partir de onde nutrem sua programação e ancoram seus planos expansivos ao futuro e de onde se torna possível uma transmissão de acontecimentos, como o já célebre vídeo de Águas Brancas, onde se assiste à emboscada e à matança de camponeses perpetrada por militares, ou seja, pelo governo mexicano; ou a mais recente transmissão de uma conversa gravada, "privadíssima" entre o irmão do ex-presidente mexicano Salinas que, a partir de sua cela na prisão de "segurança máxima", conversa com sua irmã e demonstra seu desencanto e raiva contra seu "irmão traidor", o ex-presidente, pondo em evidência, por sua vez, o aparato de segurança e de inteligência governamental que, mesmo em sua condição de espião, propiciou ou permitiu a infiltração dessa conversa telefônica via televisão.

Não resta dúvida de que esse último acontecimento televisivo está encaixado na mudança "sexenal" mexicana, em que se acabou a ditadura de um partido, o PRI, e veio a aparente democracia. Contudo, o fato de o responsável pelo principal noticiário da Televisa ter decidido (com a anuência de sua instituição, evidentemente) transmitir essa notícia, que provocou escândalo nacional, só se pode entender completamente na medida em que esse tipo de acontecimento conquista a atenção das audiências, eleva o *status* do noticiante e angaria percepções positivas, tanto para o responsável e seu programa noticioso quanto para sua empresa. O caso da marcha zapatista, o assim chamado "Zapatour" pelos meios de comunicação, redimensionou-se, sendo "midiatizado" como um espetáculo, em que exploram seus ingredientes naturais de suspense, expectativa, conflito e paixão, convertendo-se, dessa maneira, também em um fato midiático e, consequentemente, despolitizando-se para a grande audiência.

46 • Educomunicação

Mas além dos casos mexicanos, que certamente não são únicos na televisão da América Latina de hoje, o fenômeno da soltura de amarras que experimenta a televisão em todo o mundo fala por si mesmo de uma nova época no papel das televisões, em que inclusive os críticos e suas críticas aos sistemas vigentes, que os contextualizam, não são censurados (como antes, na medida em que seu televisionamento constitua uma contribuição ao espetáculo e, em última instância, para os bolsos dos donos das instituições televisoras).

Contudo, a televisão não é a única instituição ante a qual interagem as audiências. Estas se encontram sempre inseridas em diferentes instituições e institucionalidades, a partir de onde também são medidas. A mediação institucional televisiva não se manifesta no vazio institucional, apesar de outras instituições não estarem eficaz ou premeditadamente sob sua mediação.

Como segmentos sociais, as audiências são formatadas com tudo o que as condiciona e contextualiza. Suas recepções televisivas, para além das telas, são discutidas principalmente dentro do raio de ação das demais instituições de que participam. Nelas se estimulam ou se inibem as recepções televisivas iniciais ou primárias, modulam-se mutuamente sobre outras mediações, confrontam-se ou se reforçam, tencionam-se ou se reconfortam.

Se a instituição televisiva busca captar telespectadores, outras instituições lutam ou podem lutar pelo contrário. A escola e a universidade, como instituições educativas, encontram aqui um âmbito de ação e muitos desafios, aos quais ainda não pode responder, mas que cedo ou tarde deverão assumir por razões de sobrevivência.

Instituições mediadoras

O intercâmbio cotidiano das audiências com a própria televisão, com seu ambiente imediato e mediato, é preciso ressaltar, realiza-se simultaneamente no interior de várias instituições: laboral, distrital, escolar, política, religiosa, entre outras. De acordo com a audiência, serão estabelecidas as instituições das quais ela participa e das quais provenham mediações. Uma audiência infantil, cuja assistência à televisão transcorre no lar, na escola e no bairro, não se assemelha a uma adulta, cuja assistência televisiva, dependendo de sua demarcação inicial, desenvolve-se por outros cenários. O importante, em cada mediação, é calibrar sua incidência, sua relevância e transcendência para as assistências televisivas concretas.

Apesar das enormes flutuações que as mediações institucionais ostentam hoje, o que é sempre uma interrogação empírica para sua compreensão, é necessário indicar aqui algumas características e tendências relevantes de algumas das principais instituições sociais.

Política e políticos

A superinstituição da política e suas variadas institucionalidades estão mudando drasticamente, às vezes esbulhadas pela televisão, mas não somente por ela: também pela "mercantilização da sociedade", pela deterioração acumulada pela política e pelos partidos políticos tradicionais, que foram perdendo capacidade de aglutinar, de representar e de convocar. O político torna-se cada vez mais televisivo, e vice-versa, mas também sempre mais imbricado com o publicitário e o mercantil. A venda de políticos através da televisão a suas audiências é comum nas campanhas eleitorais contemporâneas.

A espectacularização midiática do político, fonte de notícias cotidianas, e o "disse me disse" que o respinga constituem os ganchos para monopolizar a atenção das audiências.

Ultimamente, os políticos abandonam os esforços por construir suas lideranças em favor de seus esforços mercantis para consolidar carismas personalistas vendáveis, construídos a partir do midiático, de onde se apresentam às audiências. Estas, por sua vez, abandonam suas características de militares ou de bases políticas e até mesmo de cidadãos, para reconfigurarem-se como consumidores de personagens televisivos--políticos, desfrutar de suas encenações e divertir-se com os gracejos, frases ou gestualidades em *close-up* daqueles em quem devem votar.

A política midiatiza-se e, em particular, televisiona-se perante conglomerados de audiências ávidas por conhecer as vidas íntimas, as fofocas, as fragilidades e forças de seus candidatos, a partir de onde julgam, dentro de uma escalada perceptiva na qual se privilegiam as emoções sobre as razões, a sedução sobre a argumentação e a simpatia pessoal sobre a identificação ideológica.

O fato de os indivíduos envolvidos com a política poderem navegar por diversos partidos e apresentar-se em telas mesmo daqueles que outrora foram seus adversários, é um fenômeno crescente na América Latina.

A exploração das qualidades pessoais dos candidatos à presidência, desde Menem até Fox, passando por Fujimori, constata o que alguns têm chamado de "farandulização ["espetacularização", "sensacionalismo"] da política" (Landi, 1996), e constata também a enorme transformação que a própria política sofreu na última década. Transformação que, em última análise, se rege pela classificação televisiva, a partir da qual se legitimam as propostas, os projetos e as personagens políticas. Tal classificação, em vez de avaliar convencimentos dos sujeitos-audiências perante o mundo das políticas, evidencia seduções, gostos, preferências midiáticas ante o televisionamento da política.

Modificada a partir do mercantil-espetacular, a política continua exercendo uma mediação vasta nos sujeitos-audiências, reorientando seu *status* de cidadãos para o de consumidores, oferecendo escândalos e diversões para gratificar suas vigílias cotidianas e ganhar sua aprovação e seus votos.

Enquanto outras mediações institucionais se contrapõem mutuamente e até se neutralizam, a mediação da política e dos políticos-atores de televisão se assegura perante os olhos das audiências como um binômio midiacional fortalecido, como uma das fontes de mediação com maior potencial de incidência em suas assistências à televisão.

Nas sociedades contemporâneas, quase todas as instituições experimentam diferentes graus de abertura ao exterior e de transformação, apesar de algumas delas terem tido, até agora, altos índices de estabilidade, como a escola pública ou a Igreja católica, que, embora obstinadamente e a um custo muito elevado, estimularam suas tradições e preservaram seus mecanismos de inserção social e de desenvolvimento.

Família e familiaridades

Na instituição família, a transformação capitalista dos papéis laborais e de gênero teve e tem consequências importantes em seus membros, tanto no interior da própria família quanto exteriormente. O despovoamento do lar, propiciado pela entrada maciça da mulher no mundo do trabalho, constitui-se em mediação. A popularização dos direitos humanos entre os cidadãos e, principalmente, entre cidadãs comuns, agora serve de apoio para resistir ao autoritarismo machista, aos maus-tratos e à violência intrafamiliar, e lutam por reconhecimento, igualdade e justiça; também se torna mediação importante de seu estar e ser perante os outros, mas também de seu sentir e gostar diante dos referentes televisivos.

Nos lares latino-americanos, começa-se a viver, em boa medida conflituosamente (pelos poderes e impotências que provoca), tanto uma desarticulação da urdidura familiar tradicional quanto um mal-estar crescente, mesmo que ainda reacionário, devido à perda do controle dos processos de socialização de seus membros. Tal controle residia anteriormente na autoridade paterna e, a seguir, materna, e que agora a televisão usurpa, inverte e transgride ao introduzir no lar quase qualquer tema, não importa em que momento (Orozco, 1998; 2000).

A televisão mostra o que antes as famílias queriam manter (e de fato mantinham) oculto ou pelo menos adiado, ou nem sequer se atreviam a mencionar (Martín-Barbero & Rey, 1999). Desse modo, a socialização e os processos de maturação dos sujeitos-audiências se encontram fortemente entrelaçados, desafiados, confrontados dentro do que se constitui como uma encruzilhada de valores, atitudes e opiniões que, por sua novidade, se disparam sem direções previstas.

Por outro lado, a televisão introduz e redimensiona as legítimas aspirações de gênero de seus membros, mas reforça as necessidades do capital ao apresentar modelos de homem e de mulher, e papéis femininos e masculinos propícios para a expansão do mercado. Apesar disso, nessa exposição se infiltram outros modelos diferentes menos mercadotécnicos, que, em conjunto, desafiam as posições identitárias tradicionais da família e de seus membros.

Moralista ou sensata, fragmentada ou sistemática, informada ou reacionária, a mediação familiar manifesta-se de maneira efervescente no modo como as audiências assistem à televisão. Apesar dos múltiplos desafios e profundas transformações que experimenta, a instituição familiar na América Latina ainda se mantém como um dos últimos nichos (pelo menos discursivos) dos bons costumes, da decência e do recato. Apresentada frequentemente como censura, repreensão, proibição, seleção, prêmio ou castigo, a mediação familiar está presente, principalmente, na assistência à televisão por parte dos menores. A partir do cenário familiar, essa mediação continua combatendo a televisão, que ainda é temida por ser desconhecida. Trata-se de uma luta cheia de contrastes e até mesmo de contradições, visto que, embora a televisão chegue a ser satanizada, ao mesmo tempo é aceita e convidada como babá, dela se

Educomunicação

exigindo gratificações variadas e sendo assumida como o último reduto de credibilidade: "Vi na televisão!".

Outras fontes de mediação

A Igreja e as igrejas, as direitas e as esquerdas, o pensamento único, os movimentos ecológicos, feministas e de minorias, o movimento pelos direitos humanos, o movimento dos sem-terra (MST, do Brasil) ou movimentos inclusivistas, como o zapatista mexicano, ou o dos "globalifóbicos" (contrários à globalização) de Seattle e de Porto Alegre, todos erigidos em institucionalidades, constituem fontes de mediações segundo os segmentos de audiências em questão. A partir de seus projetos de intervenção política, cultural, social ou racial, consolidados em maior ou menor grau, eles exercem uma influência crescente em amplos setores sociais em muitos países. A maioria desses projetos implica uma alta dose de uso de meios e, particularmente, de usos da televisão para subsistir e tornarem-se viáveis. A partir de suas mundivisões e objetivos, emanam posicionamentos com relação ao midiático. A frase emblemática dos zapatistas mexicanos no dia 1º de janeiro de 1994 é exemplar a esse respeito: "Não saímos para que nos matassem, mas para fazer-nos ver e escutar".

As igrejas e as direitas, por exemplo, foram construindo um discurso moralista, reacionário, conservador, focado nos valores e nos antivalores familiares e sexuais que a televisão expande, assim como revela o progressivo televisionamento da violência. Esses posicionamentos frequentemente transcendem o meramente discursivo ou prescritivo e se manifestam em ações concretas de protesto, censura e condenação de programas televisivos específicos, como os de entrevista, que a televisão explora devido ao elevado nível de audiência que lhe proporcionam. Capitaneadas por *slogans* que recriam os bons costumes, o recato e as tradições morais, as direitas latino-americanas, apoiadas em instituições religiosas específicas ou em partidos conservadores, mas também em instituições de saúde, de educação e de cultura, estão tendo um crescente protagonismo entre amplos setores das sociedades-audiências de nossos países.

Partindo da pesquisa sobre a recepção na América Latina e em outras partes, começou-se a registrar a existência de outras mediações nos processos comunicativos em geral, e nos midiáticos, particularmente televisivos, que são os que abarcam as maiores audiências. A pertença a um território (Tauk, 2000), as cosmovisões étnicas que persistem nas minorias indígenas, e que os esforços colonizadores não concretizaram, a própria modernização entendida como progresso ocidental acumulativo de acesso a bens, serviços e novas tecnologias entre os jovens (Crovi, 1997), afloraram como exemplos de mediações importantes com segmentos específicos de audiência. Desde a cultura Huichola, no Norte de Jalisco, no México (Corona, 2000), até as culturas amazônicas do Brasil (Araújo, 2000), passando pelas minorias gaúchas de Porto Alegre (Jacks, 1999), considera-se como certos resíduos identitários irrompem empiricamente nas explorações dos pesquisadores dos meios, permitindo alcançar compreensões mais profundas de seus futuros midiáticos.

Ser jovem em tempos de submissão televisiva constitui uma fonte variada, pouco explorada, de mediações que se manifestam de múltiplas maneiras, na reconstrução de posicionamentos, no uso ambíguo e às vezes desesperado do *chat* (sala de bate-papo virtual) como alternativa de encontros pessoais, mas também de fugas e apropriações diversas da alteridade e do mundo dos adultos (Gubern, 2000).

A cidade e as superlotações periféricas nas grandes cidades, cenários amplos e efervescentes do intercâmbio social das maiorias latino-americanas, hoje expulsas do campo, constituem uma fonte crescente de mediações salpicadas de represálias, rock, "pinturas" e grafites, de medos e de violência, de vida rueira (Reguillo, 2000).

O mundo laboral, transformado em mercado, com sua tendência à flexibilização dos postos de trabalho, inunda e incendeia, ao mesmo tempo, o imaginário de aspirações das maiorias, principalmente dos jovens que, inebriados pelas ofertas momentaneamente deslumbrantes das "maquiladoras" (empresas que importam materiais sem o pagamento de impostos, sendo seu produto específico e não comercializado no país onde é produzido), abandonam outros ofícios para vender sua "força" de trabalho a empresas transnacionais, em uma espiral frenética de ancoragens laborais que medeiam sua sobrevivência e todos os seus intercâmbios: midiáticos e não midiáticos.

O desafio pedagógico que as diversas mediações institucionais apresentam às sociedades contemporâneas ultrapassa o âmbito estritamente escolar ou instrumental e se situa em todo o espectro cultural-educativo-comunicacional-político. Os partidos, as organizações culturais, perante essa macromediação das instituições, encontram uma arena de conflito e de debate, de redesenho das políticas sociais. As sociedades enfrentam, acima de tudo, a necessidade de uma "pedagogia política" inclusiva, que redunde em uma educação integral dos sujeitos como audiências múltiplas mediadas, mas também como sujeitos, membros simultâneos de várias instituições que irremediavelmente estão, queiramos ou não, entrecruzadas pelo televisivo.

A partir dessa interseção e com a televisão como pretexto e objeto de reflexão e adestramento perceptivo de suas audiências, qualquer projeto para o futuro tem que, de uma forma ou de outra, sedimentar-se nas múltiplas "mediações-mediadas" que demarcam o futuro social e que o audiovisual, analógico e digital fazem explodir.

Capítulo 3

A pesquisa em torno das "velhas e novas" audiências[*]

Perante a inquietude de muitos pesquisadores e acadêmicos da comunicação em relação aos temas da "morte das mídias de massa" e da "extinção" das audiências como categoria analítica em um mundo de redes, nas páginas seguintes se faz um percurso através da tendência dominante vigente, da *audienciação* das sociedades, precisamente diante da midiatização crescente que acontece há várias décadas. Ser audiência significou e significa interagir com a informação e com o mundo sempre mediados por telas, sejam estas grandes, pequenas, intermediárias, massivas ou pessoais, fixas ou portáteis, unidirecionais ou interativas. Sua participação variável nessa interação mediada é que define hoje a audiência e, ao mesmo tempo, o ser e o estar como audiência é o *status* que mais caracteriza e continua a diferençar os sujeitos sociais em suas interações múltiplas a partir da segunda metade do séc. XX. As telas perante as quais se é audiência multiplicam-se e convergem, transformam-se. Os modos de estar como audiência também. A utopia continua a ser de audiências significativamente distintas, mais críticas, criativas e participativas, que indiquem interlocuções e mudanças de papéis a partir da recepção até a emissão.

Para tratar desse tema, organizei o texto em várias seções. Começo com a centralidade do comunicativo nas sociedades contemporâneas e a vigência das mídias de massa na sociedade de redes. Em seguida, analiso as principais maneiras por que se compreendeu, compreende-se e se deveria compreender agora a relação das audiências com as mídias e os dispositivos informáticos, dentro das assim chamadas "teorias da recepção". Essas teorias são revisitadas e completadas em suas implicações explícitas ou latentes sobre o poder nos processos de comunicação que definem. Em outras seções, ocupo-me das transformações relativas do ser e do estar como audiências e da perspectiva rumo à cultura da

---

[*] Este artigo é uma versão atualizada baseada no texto da conferência inaugural do congresso nacional anual 2010 da AMIC: Asociación Mexicana de Investigadores de la Comunicación. Outra versão diferente é publicada paralelamente pela UIA: Universidade Ibero-americana do México, 2012, como capítulo do livro que reúne uma seleção das exposições deste Congresso.

participação. Por fim, discutirei a "condição mercantil" que hoje em dia impregna quase a totalidade das interações com as telas e que, em grande medida, define sua motivação e seu sentido, paralelamente à mediação comunicacional.

As sociedades na comunicação *versus* a comunicação nas sociedades

> "Comunicar é o novo
> entretenimento das pessoas"
> (Arianna Huffington.
> *El País*, 16 de outubro de 2011, p. 64).

Apenas há pouco tempo é que, entre intelectuais e no mundo acadêmico das ciências sociais, volta-se a reconhecer a centralidade do comunicativo e sua relação específica com o poder. Centralidade que engloba tanto o nível estrutural, político-mercantil, caracterizado pela concentração excludente do controle das mídias e das tecnologias no mundo, quanto o nível mais interpessoal, em que o poder se conecta com o emocional das audiências e, daí, passa para a dimensão racional, combinação necessária para a administração das audiências como cidadãos (Castells, 2009).

Perante o protagonismo galopante das tecnologias da informação, primeiramente se tornou evidente que estávamos em uma era da *informação* (Castells, 1999). Posteriormente, avançou-se na compreensão do fenômeno e se falou de uma era do *conhecimento*, para enfatizar essa construção resultante do intercâmbio informativo significado. A sociedade em rede, ou a era das redes, foi um termo mais recente, empregado para expressar o proeminente no intercâmbio social contemporâneo (Jenkins, 2008).

Mais tarde, a partir da América Latina, destacou-se que a característica essencial da etapa era o estar em uma época da *educação*, já que, como sociedades, transitávamos graças às tecnologias da informação, de conglomerados com sistemas educativos para sociedades em que a educação não dependia das escolas, nem somente dos livros, tampouco da linguagem escrita, mas justamente de todos os meios, linguagens e formatos audiovisuais combinados, e poderia ser realizada em qualquer lugar (Martín-Barbero, 2004).

Alguns educomunicadores fizemos uma observação marginal a essa proposta de sociedade da educação a fim de sublinhar que se tratava muito mais de uma sociedade da *aprendizagem*, visto que o fato distintivo, realmente, não era tanto a educação como tal, mas a centralidade do aprendizado *versus* o ensinamento nos processos educativos contemporâneos. Tal ensino havia eclipsado, historicamente, o que era educativo nas sociedades tradicionais e havia confundido o educativo com o instrutivo, ou seja, com o que é ensinado. Desse modo, apenas se levavam em conta essas outras aprendizagens, principalmente não formais, buscadas ou fortuitas, presenciais e a distância, midiáticas e tecnológicas que os dispositivos informacionais permitiam, mesmo que não fossem produto de atos de instrução, ou de processos premeditados de educação. "Sociedade da aprendizagem" pareceu ser, então, o qualificativo que melhor designava o que acontecia nesses primeiros intercâmbios de todos com esses dispositivos, de maneira direta ou a distância (Orozco, 2005).

O estar "no gume das telas" foi uma expressão que buscou captar essa condição social e cultural, significativamente crescente, na qual, de um modo ou de outro, todos nos encontramos em algum momento, por inclusão ou por exclusão. Para alguns, trata-se de uma estância transitória, na medida em que se vinculam e incorporam rapidamente, mas que, para muitos, para a maioria, ainda, amplia-se como modo de estar na cotidianidade, visto que não lhes é fácil o acesso à conexão plena, para além do instrumental.

Apesar das diferenças e dos problemas que estão implicados no acesso pleno às telas instrumentais, culturais e epistemológicas, e do "des-poder" ou do empoderamento que isso possa significar para setores inteiros das audiências e de suas respectivas lacunas, tornou-se claro que o que emoldura nosso estar e ser como sujeitos sociais é o comunicativo e sua lógica de intercâmbio (reativo ou não), subjacente na maior parte de nossas interações sociais, tenhamos ou não acesso sistemático e adequado a todas as telas.

Como sociedades e como indivíduos, estamos em um cenário comunicativo múltiplo e permanente. Somos sociedades da *comunicação*, para onde convergem várias dimensões: a massiva, a interativo-digital (redes sociais), a interpessoal-digital (correio eletrônico) e a interpessoal--analógica (telefone). Segundo uma série de circunstâncias e oportunidades, técnicas, econômicas, culturais e políticas, de gênero e de idade, alguns setores de audiência se situam mais em uma dimensão do que nas outras, enquanto outros se localizam em todas. Alguns resistem a situar-se em alguma, outras decidem fixar-se somente em uma e se excluem das demais. Há uma tendência a generalizar que todos rumam para as dimensões mais interativas. Daí que se fala da morte dos meios (Carlón e Scolari, 2009); contudo, como chegou a dizer Castells (2009) em poucas palavras, os indivíduos e as sociedades vivemos em uma "autocomunicação de massa".

Entendendo essa condição contemporânea, o que importa é ver de que maneira os antigos meios se vão adaptando a novas circunstâncias, por exemplo, as redes televisoras que abrem sítios de internet para receber os comentários dos telespectadores, ou como essas velhas mídias vão modificando seus gêneros programáticos e seus formatos para aproximar-se das exigências das audiências situadas em outras dimensões, e sem perdê-las. Da mesma forma que se abrem "estações" de rádio na internet ou se inserem vídeos e fotos em determinados sítios também na internet.

O ponto, tanto para as mídias de massa, as antigas mídias, como para as audiências novas, é que todas vão se transformando com sua inclusão em um mundo multimidiatizado, em que as audiências se conectam em diferentes dimensões. O que resta da antiga comunicação? O que a nova introduz? Como se modificam mutuamente e como ambas sobrevivem? Todas estas perguntas são importantes hoje em dia, a fim de compreender as audiências e entender seus processos de apropriação comunicativa.

A mediação comunicacional contemporânea

> "O poder na sociedade-rede
> é o poder da comunicação"
> (Manuel Castells, 2009, p. 85).

O comunicativo implica, por sua vez, diversas condições para sua realização. Evidentemente, trata-se de uma condição tecnológica, especificamente de mídias, canais e interfaces, sem a qual a conectividade factível, hoje em dia, não seria possível (Scolari, 2004). Uma condição cultural, que vai tornando viável também que se produza sentido e significado a partir do estar em rede e usando precisamente essa estrutura de rede em múltiplas convergências (Jenkins, 2008). Uma condição política e uma econômica, que permeiam as aterrissagens e as ancoragens no mundo e muitas das decisões estruturais sobre as dimensões, proporções e desenvolvimento que vai assumindo a conectividade atual em lugares e com setores determinados, e que estão, por sua vez, determinando o desenvolvimento futuro imediato do digital nos diversos países (Mc-Chesney, 2004; Gómez y Sosa, 2010).

A mediação comunicacional de nosso tempo (Orozco, 2009) consiste nessa mudança fundamental pela qual, como audiências, as sociedades atuais vão deixando de ser reconhecidas essencialmente por seu *status* e processos de recepção anônima e massiva, caracterizados por uma atividade muito escassa, para começarem a ser reconhecidas por um estar e ser ativos, cada vez mais criativos, na produção e na emissão comunicacionais.

Essa mediação comunicacional é que permite aos participantes nos processos interativos condicionados por telas desconstruir, de maneira real ou material, os objetos e referentes de seu intercâmbio comunicativo e não somente interpretá-los simbolicamente, como de fato sempre foi possível. E é também essa mediação que modifica as possibilidades de transformação, de criação e de participação real possível (e desejável) dos sujeitos-audiências a partir de suas interações com as telas.

Especificamente, a mudança de papel ou de *status* das audiências, que já se percebia entre setores sociais tecnologicamente avançados, manifesta-se em uma passagem, por enquanto e, talvez, em seguida, em uma mutação, de audiências-receptivas para audiências-usuários, "prossumidores", já que a interatividade que as novas telas permitem transcende a mera interação simbólica com elas.

Em teoria, esse trânsito possível e, seguramente, desejável de receptores para produtores e emissores, que não é automático, como o disse Castells em seus primeiros estudos (1999), é, talvez, uma das mudanças sociais mais significativas hoje, e à medida que se concretize, cada vez mais será também o epicentro de outras mudanças no "estar como espectadores" na constituição e negociação de identidades e, finalmente, na própria produção informativa e cultural, no que propriamente seria uma cultura da participação.

Essa passagem de audiências receptivas, mesmo que não irremediavelmente passivas, pelo menos nem sempre, para audiências produtoras, posto que tampouco necessariamente criativas ou críticas, não é o mesmo que esse outro processo de "migração digital", tão acariciado nos últimos anos, que alguns, idealisticamente, sugeriram (por ex., Vilches, 2001).

Ser "migrantes digitais" (em vez de "nativos digitais"), segundo a categorização cunhada por Prensky (2001), tem como referência a dimensão digital como detonante da mudança, mas exclui o *status* anterior da dimensão analógica, plataforma de partida das mudanças posteriores.

A passagem de audiência-receptiva para audiência-usuário – categoria temporariamente aceita mesmo que sempre relativa (Scolari, 2008) –, ao contrário, implica como referente a dimensão analógica e, a partir daí, ocorre sua transformação, o que permite aproveitar e capitalizar as compreensões sobre as interações de agências e telas antes do digital – que não findam por desaparecer na nova dimensão –, e recolocá-las nela de maneira produtiva.[1]

Essa concepção de mudança como trânsito repercute nos outros âmbitos, como no da geração de conhecimentos e saberes, na pesquisa desejável das audiências-usuários, bem como no da assimilação e circulação de informação e da construção de aprendizagens (Orozco, 2009) e, de maneira particular, nas formas de entretenimento, divertimento e geração de emoções e de sensações (Gitlin, 2004).

A mediação comunicacional, então, entendida sinteticamente como essa passagem de ser audiências caracterizadas por atividades de recepção, a fim de tornar-se audiências definidas pelas características de criação, produção e emissão, não é total nem mutuamente excludentes. É um processo inclusivista com dimensões e graus sempre complementares. Assim, a mediação comunicacional não anula, mas incorpora outras dimensões anteriores em um contínuo, sempre se fazendo realidade, onde cada fase não se contrapõe às outras, nem fica excluída, mas se soma como possibilidade dentro do comunicativo.

Perspectivas conceituais sobre a relação entre mídias e audiências

O avanço acelerado das tecnologias de informação e o crescente e expansivo protagonismo dos meios antigos e novos em toda a sociedade propiciaram um conjunto permanente de propostas e muitas revisões sobre a maneira mais idônea de compreender as audiências e

---

[1] Precisamente com um entendimento nessa direção: do analógico ao digital é que se podem aproveitar os conhecimentos e os resultados de pesquisas anteriores com as velhas telas, e conectar para explicar de maneira mais realista o que acontece com as novas. Tudo sob o entendimento de que continuamos a ser audiências, mudando de papéis, mas sempre em relação às telas, que é o que nos confere tal categoria.

sua vinculação com o ecossistema comunicacional em conjunto. Um exercício compreensivo registrado até agora é o realizado por Jensen e Rosengren, em 1990, publicado no *Journal of European Communication* deste ano, onde se indicam cinco correntes ou escolas "em busca de suas audiências". A essa apuração, eu mesmo acrescentei outras cinco perspectivas, pensadas sempre a partir das mídias, mas atendendo a outros comportamentos e ênfases na vinculação com as audiências.

O que sempre esteve em jogo nessas teorias – e talvez sempre o esteja em todas – foi o poder. Contudo, esse poder nem sempre foi explicitado, e nas narrativas conceituais, às vezes nem sequer era mencionado como tal. Poder, por outro lado, que nem sempre questionava sua fonte nas múltiplas relações que se estabeleciam, por exemplo, entre os empresários das mídias e os sujeitos concretos das audiências, entre os anunciantes e as decisões sobre tipos e temáticas das programações que se permitem ou se proíbem na tela.

O que tentarei, em seguida, é fazer uma avaliação mais completa, crítica, desses modelos anteriores, precisamente destacando o que a maioria deles nunca explicitou: o poder. Poder que é o eixo fundamental em toda relação comunicativa, visto que é nela e através dela e de seus discursos que se consegue e se exerce (Castells, 2009).

1. O modelo de efeito das mídias e seus derivados

Sob essa luz, a relação mídias-audiências começa no *emissor*, que tem, de saída, a propriedade ou o usufruto legal do meio, via concessão ou qualquer outra figura jurídica em sociedades democráticas, mas via autoritarismos naquelas sociedades que não o são, o que lhe permite, através do meio, exercer e conseguir maior poder mediante o impacto sobre a audiência. Uma audiência considerada passiva, massiva, impossibilitada de exercer um direito de réplica devido às condições de difusão unilateral dos grandes meios do século XX. Justamente essa perspectiva conceitual buscou ampliar o poder de impacto em sua audiência através da redução dos "ruídos" durante a transmissão da mensagem e do acondicionamento cada vez mais funcional para o emissor da mensagem mesma. O que se aperfeiçoou na publicidade e na propaganda política a partir da segunda guerra mundial ainda perdura hoje em dia, assumindo formas inéditas, quase subliminares, às vezes, em alguns gêneros programáticos como a ficção (Orozco et al., 2012).

60 • Educomunicação

As propostas da *Agenda Setting*, do *Two Step Model* e das Hipóteses *do Cultivo* são derivados, variações interessantes do paradigma de efeitos que permitem explicar melhor o processo comunicativo, mas que não questionam a origem do poder. Esse modelo de efeitos provocou as maiores reações entre os críticos que, desde a Escola de Frankfurt, criaram uma corrente contra os meios e várias tentativas de criar meios alternativos.

2. A corrente de usos e gratificações e a de usos sociais

O desenvolvimento dessa teoria concentrou-se em conhecer as possíveis necessidades e, principalmente, a busca de gratificação por parte das várias audiências, de preferência de maneira individual e atomizada. Ou seja, de maneira "desempoderada" social e politicamente. A partir do produzir conhecimento sobre gostos, expectativas e do acumular experiência com êxitos programáticos em setores de audiências, essa perspectiva pôde gerar "indicadores culturais" e informação para buscar oferecer, a partir das telas, aquilo que as audiências aparentemente buscam e, desse modo, conseguir o impacto nelas desejado. No fundo, é uma perspectiva que, começando no polo da recepção e reconhecendo um papel ativo aos receptores, permite aos produtores e aos emissores acrescentar seu poder de impacto e de sedução. Essa corrente acaba sendo a outra face da mesma moeda daquela anterior, a dos efeitos.

A variante latino-americana sobre o *uso social* dos meios de comunicação, concretamente, sobre o uso social do melodrama entre as audiências, serviu para entender essa outra sociabilidade que se desenvolve perante, não por trás, a tela televisiva e que permite explorar opções, aí sim, para o eventual empoderamento das audiências.

3. A perspectiva da análise literária e de seus vaivéns de conteúdo, gênero e formatos

Proveniente da novela escrita, essa perspectiva se incorpora à corrente de meios de massa audiovisuais que não concentram sua atenção nem no emissor nem no receptor, mas justamente na *mensagem*, o que rapidamente foi assumido como o *texto* que se permuta entre ambos os polos das comunicações através da "leitura ou leituras" realizadas. O peso da comunicação recai sobre o texto, e o processo comunicativo é sempre uma leitura. A partir do texto, então, se erige o receptor a "leitor ideal", e dever-se-ia dizer o "consumidor ideal" ao telespectador idôneo; e, por ser um texto fechado (sempre o foi, até que chegou o hipertexto), impõe-se sobre as estruturas narrativas tanto os criadores, autores, quanto as audiências, leitores. Quando não é assim, dá-se aquilo que Eco chamou de "leitura aberrante", não esperada, que, no entanto, pode ser resultado de diferentes motivos intervenientes no processo da comunicação. O hipertexto, como uma derivação pós-moderna do texto, permite um jogo de poder diferente entre uma parte e outra, sempre atento às regras e aos formatos que um texto comporta e que geralmente são naturalizados sem que isso se torne explícito, para que seja do domínio de todas as partes.

As mensagens nem sempre são explícitas. Quase sempre são subliminares, razão justamente por que são funcionais para quem, de início, na relação comunicacional, detém o poder. Por outro lado, a mediação contemporânea faz com que os gêneros e os formatos próprios de cada meio imprimam também seu selo nos produtos resultantes (White, 2008). Grande parte das regras e dos determinismos das mensagens encontra-se nessas duas dimensões, geometricamente ampliadas hoje em dia.

4. A corrente dos Estudos Culturais e as negociações de significados, tempos e cenários

O que essa perspectiva agrega às anteriores, como ênfase, é o *contexto* em que se realiza o processo comunicativo. O peso ou a força comunicacional, segundo postula essa corrente, radica-se aí, fora dos elementos característicos do processo da comunicação: emissor, mensagem e receptor. Existe, pois, a possibilidade de "equilibrar poderes", na medida em que há negociações de interpretações e de sentidos por parte de uns e de outros, e a possibilidade de resistir, criticar ou apropriar-se criticamente dos significados dominantes imbuídos nos produtos do intercâmbio. Os *Estudos Culturais* desenvolvidos originalmente a partir da Universidade de Birmingham incorporaram toda a produção cultural, legitimando os significados das audiências e abolindo a divisão entre alta cultura e cultura popular, entre cultura letrada e cultura profana. Realizaram-se diferentes ênfases com uma perspectiva culturalista na América Latina, desde Colima e Guadalajara (México), até Porto Alegre (Brasil), passando pela Colômbia e pela Argentina (Jacks, 2011). O surgimento de identidades e de posicionamentos, assim como de cidadanias, passa pela dimensão cultural (Padilla, 2009, Franco, 2010).

62 • Educomunicação

Mais recentemente, a tensão entre globalização e localização dos produtos midiático-digitais se dirime nos jogos de poder de mercado, em que as marcas ou o *branding* se vão enraizando culturalmente entre as audiências, e vão diluindo os valores e as características culturais em favor de uma cultura global mercantil (Castells, 2009).

5. A análise integral da audiência e sua ambição holística

Essa perspectiva é a única das cinco mencionadas na apuração de Jensen e Rosengren que emerge diretamente da vinculação televisão-audiências. Incorpora os diversos componentes das perspectivas anteriores, emissor, receptor, mensagem e contexto, mas agrega e privilegia o *processo* mesmo e suas diferentes etapas e cenários pelos quais transcorre, e entende que não é somente ao vivo, diante do televisor ou da tela cinematográfica, que se realiza a recepção da mensagem, mas antes e depois, e se integra na cotidianidade e ao longo da vida. Há cenários presenciais e não presenciais em que continuam a recepção e a negociação de significados, o que permite pensar que não somente diante da televisão (ou do rádio ou no cinema) e de maneira imediata pode interpor-se, reorientar-se e completar-se o processo de apropriação dos referentes midiáticos. Ao mesmo tempo, a ênfase no processo permite conhecer como transcorre a comunicação e antecipar, caso necessário, aqueles elos ou momentos que podem apresentar alguma dificuldade tanto para os emissores quanto para as audiências. Essa perspectiva permite nutrir intervenções pedagógicas que reorientem o processo comunicativo e apresentem resultados ou interpretações diversas das esperadas ou desejáveis de acordo com diversos critérios e objetivos (Orozco, 2005).

De acordo com a proposta de Joshua Meyrowitz (2008), todas essas "narrativas sobre a influências dos meios" podem-se agrupar em apenas três tipos. Aquelas que tratam os meios como poderosos, independentemente de que lado do poder se situem. Aquelas outras que se concentram no prazer e na ludicidade das audiências como o proeminente de sua interação com os meios, e aquelas que se focalizam antes na proposta e no intercâmbio de formatos e de estruturas, padrões mentais ou culturais, que podem revelar-se positivos ou não, entre as audiências e os meios. Um exemplo desse terceiro tipo apresentado pelo autor é o relativo à imprensa. Segundo ele, a imprensa pode ser fonte de escritos muito questionáveis e, ao mesmo tempo e pelo contrário, de outros muito agradáveis; porém, como invento, abriu a possibilidade para a difusão de informação e de conhecimento e mudou substantivamente a maneira de relacionar-nos e vincular-nos em sociedade com a escrita, com os outros e com o mundo.

E poder-se-ia dizer que o mesmo aconteceu a seu tempo com a televisão como meio audiovisual arquetípico dos demais. Seu impacto social, para além de programações boas ou más, e de abusos de diferentes tipos por parte dos programadores e dos empresários televisivos sobre as audiências, ao longo de seis décadas de presença, ampliou a capacidade de percepção visual e nos introduziu a todos na cultura da imagem em movimento, central no intercâmbio comunicativo de nosso tempo. Sartori (2003) diria justamente o contrário, mas independentemente de perspectivas ideológicas, uma e outra posições reconhecem a existência de um grande impacto da televisão nos sujeitos sociais que se vinculam a ela, acima de efeitos específicos, como grupo humano, para o bem ou para o mal.

Em um segundo esforço por agrupar as diversas correntes surgidas depois da primeira classificação, encontro outras cinco perspectivas que fundamento em seguida. E isso sem pretender tampouco exaustividade.

6. O modelo das mediações e das hipermediações

Na origem, a compreensão inicial de mediação era algo que provinha somente do meio: "de meio a mediação". Assim, Martín Serrano, em seu tratado sobre a "mediação social" (2008), fala somente de duas grandes mediações: a cognitiva e a estrutural, aludindo à capacidade do meio, dos meios ou das "mídias" de interporem-se ideológica ou tecnicamente (respectivamente) entre o sistema social e os sujeitos sociais, ou seja, as audiências. Martín-Barbero (1987), por sua vez, privilegiou a mediação cultural sobre a comunicação, mesmo que, em seguida, tenha elaborado um mapa onde especifica outras mediações, como a tecnicidade e a ritualidade. O ponto é que as mediações serviram, a partir desse autor, para mudar o peso específico da pesquisa entre meios e audiências. Precisamente "dos meios às mediações", o que permite entender que a relação comunicativa compõe-se de diferentes dimensões ativas e fontes de mediação intervenientes no próprio processo comunicativo e em seus resultados.

O modo da "múltipla mediação" (Orozco, 2001) propôs baixar a compreensão do processo comunicativo mediado ao terreno empírico da pesquisa, usando as *mediações* como categorias de análise, entendendo não como determinismos, mas como fontes de elementos incidentes de maneira simultânea nos processos comunicativos. Não somente aquelas mediações culturais ou tecnológicas, estruturais ou discursivas, mas todas as intervenientes na interação, venham de onde vierem: dos próprios sujeitos, da linguagem, do contexto, da classe social, da raça, da idade, da conformação individual, do momento histórico, da política, da economia, da educação, da situação etc. Buscou-se, em última instância, ver os pesos específicos dessas mediações, "o jogo da mediação", e, a partir daí, o próprio "jogo do poder" na comunicação.

As "hipermediações" seriam essas novas mediações que as tecnologias estão introduzindo não somente na dimensão tecnológica, mas em todas, dentro da interatividade crescente dos novos dispositivos e suas interfaces (Scolari, 2008). Em umas e em outras, é preciso estar atentos à maneira pela qual conferem ou tolhem o poder às audiências e sob que condições; hoje em dia, no mundo digital e na sociedade de redes, as novas mediações chegam até a configurar a maneira de estar diante das telas e de mover-se nos espaços virtuais (White, 2008).

7. A "torrente midiática", as sensações e a experiência imediata

Diferentemente das concepções anteriores, esta enfatiza os *sentidos*, isto é, a dimensão sensorial como âmbito fundamental dos processos de intercâmbio comunicativo. Um de seus principais expoentes, Todd Gitlin (2004), alude a essa torrente interminável do ecossistema de meios no qual estamos imersos, como um fluxo que produz essencialmente experiências, não entendimentos nem significados. Sensações e, em todo caso, emoções, é o que está em jogo e se sobressai entres os meios e as audiências, de acordo com essa perspectiva. Não se trata de um meio em particular, mas de vários, de todos aqueles com os quais usualmente estamos em contato: televisão, cinema, internet, celular, Ipod, videojogos etc. Conforme essa perspectiva, o conteúdo ou mensagem, os textos concretos e seus enfoques ideológicos, violentos, políticos, passam a um segundo lugar, já que a maior parte deles é esquecida depois de vividas as sensações, que são as predominantes no contato audiências-telas. Ou pelo menos todos esses conteúdos, tão importantes em outras perspectivas, nesta seriam apenas pretextos para "viver sensorialmente" esse fluxo, ou para passar de um nível de dificuldade a outros em um videojogo, ou incursionar em uma "segunda vida", ou conectar-se e estar predominantemente na conectividade globalizante.

8. A mediatização... e a teoria dos meios ou *media theory*

Para alguns, essa teoria é derivada do modelo de efeitos, na medida em que se argumenta que a midiatização, entendida como a incidência crescente de meios e de tecnologias em toda a vida cotidiana, busca dar conta justamente dos efeitos ou impactos dos *meios* e demais *dispositivos* de interação comunicativa nas sociedades contemporâneas. Não se trata de documentar somente efeitos propriamente individuais, mas sociais, derivados dessa presença ou onipresença expansiva dos meios hoje em dia. Os meios de comunicação, dentro dessa "grande mediação" que se poderia considerar como sendo a midiatização, vão surgindo como instituições independentes do devir social, com sua própria fonte de poder e seus mecanismos de poder e na condição de instituições sociais; vão-se agrupando e constituindo em *holdings* em âmbito mundial ou regional.

Devido a esse agrupamento monopolizador é que os meios se institucionalizam como entidades poderosas, "poderes factuais" com bastante autonomia para circular, difundir, produzir, influenciar e até para conferir marcas a seus produtos, e que se entrecruzam com outras e disputam para aumentar seu consumo entre as audiências (Lundby, 2009). A tendência e o fenômeno da midiatização contemporânea se manifestam em que as instituições de comunicação não apenas estão aí como quaisquer outras, mas que estão refazendo e transformando unilateralmente as interações societárias de todas as outras e a maneira de ser dessas outras. Ou seja, devido à midiatização e a tudo o que ela implica e comporta é que estaria acontecendo essa grande mutação social (Livingstone, 2009).

9. A dimensão ou presença material do comunicativo

Com o eloquente título de "Produção de presença. O que o significado não pode transmitir", o pesquisador alemão Hans Gumbrecht (2004) afirma que a simples presença das coisas e dos meios, obviamente, sua *materialidade* visível e palpável, é o início de uma vinculação com eles. Acima da hermenêutica e da ênfase dada à relação comunicativa significante, não tangível, nessa perspectiva argumente-se em favor do valor da existência material mesma dos dispositivos midiáticos e da influência que, a partir daí, exercem em suas audiências. Tamanho, forma, cor, portabilidades, odor e consistência, entre outras qualidades da matéria, imprimem um selo no processo comunicativo que se verifica em cada dispositivo. Inclusive o desenho de cada um permite, inibe ou impede realizar certas ações para os sujeitos comunicantes que usam tais dispositivos. A televisão aberta, massiva, inibe uma participação interativa com os emissores. O computador condiciona seu usuário, desde a altura adequada de seu olhar até a pressão para fazer um clique no teclado, ou a distância da vista para a interação apropriada etc. (White, 2008). Isto se poderia chamar de efeito de "tangibilidade", que, embora pudesse subsumir-se na primeira corrente, a dos efeitos, é, de um lado, complementar ao não se referir ao simbólico e, por outro, tem suficiente distinção para ser tomada à parte e conectar-se principalmente com as tecnologias comunicativas pessoais, como o celular e o Ipod, ou inclusive o computador e o videojogo portáteis, e todos esses artefatos que são pessoais mas tangíveis, cuja única posse é uma opção material de conectividade.

10. *Ecologia da comunicação: convergências e divergências*

Tal como na perspectiva da análise integral da audiência, o que se destaca nessa concepção é a dimensão de *convergências*, e como perspectiva para dar conta da vinculação meios-audiências, de uma ou de outra forma as perspectivas anteriores convergem. Às vezes o que converge é a tecnologia, outras vezes são os significados, ou a matéria, ou as próprias audiências. Pareceria interminável a possibilidade de convergências reais na conectividade das sociedades da comunicação. O ponto é entender que também há divergências e que se deverá documentar, evitando que as enormes convergências e o entusiasmo que provocam as eclipsem. A ecologia da comunicação nutre-se destas, e o que se produz tem um impacto que provoca mudanças em todo o sistema, não somente nas audiências. A modificação de um formato como o da telenovela, ao incluir diversas histórias simultâneas, incide na classificação, mas também em uma maneira de desfrutar a ficção televisiva e de realizar sua assistência.

Provavelmente, há outras perspectivas e ênfases, mas o importante é mostrar essa gama cujas propostas não são excludentes: dá-se exatamente o contrário. O desafio para a pesquisa é elaborar perguntas significativas a partir de cada uma, que permitam obter respostas que transcendam uma única dimensão ou perspectiva.

11. Perspectivas para compreender a vinculação meios-audiências

Fontes: *Cinco Tradiciones en busca del público* (Jensen & Rosengren, 1990); *Cinco perspectivas mediáticas sobre la recepción* (Orozco, 2010).

"Estar" como audiência e "ser" audiência de outras maneiras

> "As transformações nos modos de como circula o saber constitui uma das mais profundas transformações que uma sociedade pode sofrer"
> (Jesús Martín-Barbero, 2004, p. 81).

Em plena época de interatividades e convergências, sempre no plural (Dorcé, 2009), se o estar como audiência mudou de maneira decisiva, então o ser audiência também pode mudar, mesmo que não se desprenda automaticamente das modificações do estar como audiência. Mister se faz considerar que o estar como audiência se ampliou territorialmente, devido principalmente à possibilidade de mobilidade e de portabilidade das telas mais novas, como a do celular e do Ipod, e, no fundo, devido à alta convergência em múltiplos sentidos. Já não é necessário estar sob um teto para ver televisão e, evidentemente, tampouco para jogar video-jogo ou usar o telefone, escutar música ou enviar mensagens, ou papear.

Contudo, acima dessa espécie de ubiquidade das audiências contemporâneas, com suas telas, que incide diretamente na possibilidade de estar em contato sempre, ou conectados sempre de fato, como participantes de uma ou de várias redes ou canais ao mesmo tempo, o estar como audiência adquire possibilidades inéditas diversas.

Por exemplo, a possibilidade mesma do contato permanente multi-canal, já que se diversifica entre a comunicação oral, visual, audiovisual e escrita. Canais comunicativos que, embora como tais, já existam muito antes, nunca como agora, com a convergência das múltiplas telas, estavam sendo os canais usuais da conectividade entre os usuários dessas telas. Desse modo, a comunicação "monocanal" vai ficando superada por uma comunicação multicanal ou multimídia, que também implica ser multilinguística, independentemente de outras mudanças no referente ou no conteúdo que se intercambia (Jensen, 2007).

Aqui a pergunta-guia para a comunicação seria: além de somar canais e linguagens e de usar novas tecnologias de maneira instrumental, ou novas telas, há uma mudança substantiva no ser propriamente dito, ao estar com essa multiplicidade em uma permanente conexão multi-direcional? Talvez a chave esteja em que "o todo não é igual à soma de suas partes". Então, na medida em que o uso das novas telas ultrapasse a mera soma de possibilidades, poderíamos pensar que há um produto com uma qualidade diferente. E isso que se produziria na interação com as telas seria identidade. Uma identidade, por assim dizer, "amalgamadora", não tão essencialista, como afirmaria Martín-Barbero (2004), mas, no final, identidade. Ela seria suficientemente perdurável para ser reconhecida, e flexível para ser repetidamente reproduzida e modificada, trocada ou negociada.

Na época atual, a produção de identidades passa necessariamente pelas telas. Leva a elas e, ao mesmo tempo, resulta delas. Isto porque são essas telas não uma opção esporádica de busca de informação ou de entretenimento, como pode ter sido ir ao cinema em um fim de semana há quarenta anos, ou ler um livro ou um jornal. Hoje, a interação com as telas para esse setor que está em interação com elas é "um dado", é um ponto de partida e também de chegada, é uma condição da cotidianidade e do intercâmbio social em seu conjunto. Para subsistir no mundo contemporâneo, as telas, talvez umas mais do que as outras, tornaram-se imprescindíveis. Evitá-las comporta enorme risco de ficar de fora, excluído, precisamente porque se excluir do intercâmbio com as telas é excluir-se da cultura contemporânea (Winocur, 2009b).

A constituição de identidades como produto do intercâmbio convergente com as telas é possibilitada tanto pelo uso mesmo destas, como pelo consumo e pela produção própria, a partir delas, por parte dos usuários. Como afirma Jensen (2007), a interatividade é a dimensão que modifica o estar como audiência, visto que justamente a audiência na interatividade se reconverte em usuário. E ser usuário, insisto, implica uma diferença qualitativa em relação com o ser apenas audiência. Ser usuário pressupõe o gerenciamento da audiência. E gerenciamento, como o pensou Giddens (1996), supõe reflexão, não apenas ação. É justamente essa dimensão de elaboração cognitiva consciente e de decisão que a distingue da mera reação a um estímulo ou de qualquer modificação apenas comportamental. Embora seja assim, isto não elimina a possibilidade de que, em outros momentos ou em contextos diferentes, as audiências não se comportem como usuários, isto é, que não exerçam sua reflexão e ação coordenadas para chegar a um fim a partir dos meios, através da transformação real, material e significativa do referente audiovisual.

A partir da dimensão de interatividade é preciso entender que a convergência não se dá em um único sentido, isto é, a convergência não é apenas tecnológica, mas também é uma convergência cultural, cognitiva, linguística, situacional e estética, que se dá não apenas na confluência dos dispositivos materiais ou tecnológico-digitais, nem apenas a partir da emissão inicial, mas desde a recepção e, em seguida, a partir das diferentes emissões-recepções entre os diferentes usuários e também a partir dos dispositivos perceptuais e mentais dos sujeitos envolvidos (Dorcé, 2009).

As formas de ser audiência, no entanto, variarão perante a diversidade das telas e da interatividade mesma, ou seja, não serão resultados automáticos do estar como audiências. Ademais, variarão igualmente de acordo com a diversidade das culturas e das posições específicas dos sujeitos sociais dentro delas, posto que cada vez mais se encontrem semelhanças maiores devido à globalização e à mercantilização vigentes atualmente. Há diferenças culturais que são persistentes e delimitam o desenvolvimento de certas destrezas e práticas, que podem incidir de maneira negativa em uma produção cultural amplificada ou simplesmente diante das telas.

Acima de tudo, porém, é necessário advertir que, embora haja uma mutação crescente nos sujeitos e em suas interações, eles são uma porcentagem variável da totalidade, e elas ainda são uma minoria dentro do cúmulo de interações que permanecem sem alterações substantivas; razão pela qual grande parte dessa possível mutação ainda está por tornar-se realidade (Fundación Telefónica, 2009).

Por exemplo, pode-se ser um internauta multitarefa e videojogador simultaneamente, incluindo, na gama de situações que se experimentam, posições e interações de todo tipo, desde as mais rudimentares de ser meros espectadores do que acontece na tela, até outras muito criativas, a partir das quais se possibilita uma produção distintiva própria, a partir de desconstruções de produtos recepcionados.

Se há mudanças, nem sempre estas acontecem. A conectividade frequentemente se soma a inércias e a modelos tradicionais de reação que não desaparecem, de um lado; e por outro, as diferentes realidades, em cada região ou país, mostram ênfases diversas e situações com muitos resíduos do passado, aparentemente incompatíveis com aquelas outras de maior avanço, mas que identificamos germes portadores de futuro. Coexistência e não superposição do novo sobre o velho talvez seja o fenômeno central mais distintivo do que experimentamos atualmente em nossa condição de comunicantes.

Em outras palavras: ser audiência, hoje, significa ser muitas coisas ao mesmo tempo; abarca diferentes modos de estar, desde um mero estar contemplativo, de espectadores ou receptores passivos, até receptores ativos ou hiperativos, e ainda usuários interativos, criadores e emissores.

Simultaneamente, é preciso reconhecer que a tendência é a de deixar de ser audiências definidas pelos modos de estar como receptores na comunicação para sê-lo em função dos modos de agir com usuários e emissores, na produção comunicativa, onde a criação e a interatividade predominam. Isto é o que constitui a nova *cultura da participação*, segundo Jenkins (2008), a qual se levaria a bom termo no marco da mencionada "autocomunicação de massa" de Castells (2009).

A comunicação como dimensão envolvente, na qual existem as sociedades contemporâneas, está marcando uma nova era em que cabem todos os meios e dispositivos tecnológicos existentes, todas as formas possíveis e todas as dimensões imagináveis, desde a mais fortemente controlada por outros, até a mais pessoal, autorregulada e personalizada pelas próprias audiências. Ao mesmo tempo, os processos de comunicação forjam-se tanto pelos próprios meios, como enfatiza Scolari (2009), quanto pelas audiências, cada vez mais participativas, como afirma Alves (2010).

A onipresente condição mercantil

Uma nova maneira de vender com e a partir das telas e dos dispositivos informáticos percorre os mundos reais e virtuais. Cada vez mais a ampliação, a definição e o direcionamento da internet, dos videojogos, dos celulares etc., e, em geral, do audiovisual, estão sob o controle do mercado (Castells, 2009). Ao que parece, não há escapatória dessa condição mercantil que tudo invade. Tampouco sobram muitos espaços livres do mercantil. Contudo, o pior é que cada vez se vai naturalizando o mercado como tal, e se expande, de fato e talvez sem muita consciência, embora com conveniência, a ideia de que o mercado é a maneira natural de estar em sociedade, vincular-se com o mundo e "nadar" na comunicação, em seus meios e em suas tecnologias.

Em um mundo cada vez mais "glocalizado" ["globalização + localização"], onde a política perdeu muito de seu sentido, o mercado é quem pretende exercer o que autores como Martín-Barbero (1987) consideram um simulacro de coesão societária.

O mercado, diz este autor,

não pode sedimentar tradições, visto que tudo o que produz se evapora, dada sua tendência estrutural a uma obsolescência acelerada e generalizada, não apenas das coisas, mas também das formas e das instituições. O mercado não pode criar vínculos societários, ou seja, entre sujeitos, pois estes se constituem em processos de comunicação de sentido, e o mercado opera anonimamente mediante lógicas de valor que implicam intercâmbios meramente formais... O mercado não pode engendrar inovação social, pois esta pressupõe diferença e solidariedades não funcionais, resistências e dissidências, ao passo que o mercado trabalha unicamente com rentabilidades (p. 21).

A desregulação globalizada das estruturas tecnológicas e midiáticas realizada nas últimas décadas em âmbito mundial levou a uma diminuição do controle dos estados nacionais, e da política como tal, sobre as prioridades do mercado. O mercado e suas exigências de consumo e

72 • Educomunicação

de inovação é que estão definindo o rumo e o estado de comunicação e seus dispositivos.

Nas sociedades da comunicação em que estamos, os meios funcionam, salvo exceções, de acordo com uma lógica empresarial, mesmo que os meios não sejam mercantis, mas públicos ou estatais. Cada vez mais, o não perseguir objetivos de lucro é apenas uma condição legal de estatuto em cada país, mas os critérios de programação, os horários e a lógica subjacente é a do mercado, porque, de outro modo, não poderiam competir com os meios privados.

Os meios "velhos", os meios de massa, acostumaram as audiências a lógicas mercantis. A televisão, em particular, usou o espetáculo como estratégia de comunicabilidade, a violência real como acontecimento prioritário para ser difundido na tela, e a usa de diversas maneiras em sua programação.

As telas são um cenário privilegiado para a publicidade. E cada vez mais também para a propaganda de partidos, de candidatos ou de governantes de turno. O capital requer esses cenários midiáticos e tecnológicos para sua própria reprodução. O fenômeno que se percebe nos últimos anos é, por um lado, um aumento geométrico de publicidade, especialmente da publicidade global nas telas locais. Por outro, uma crescente integração da publicidade e da propaganda nos formatos e conteúdos das narrativas midiáticas. Já não se transmite apenas publicidade explícita durante os intervalos entre as programações ou produtos midiáticos, mas estes são feitos para integrar a publicidade em suas narrativas ou estas são desenvolvidas ao redor dos produtos ou serviços a serem propagandeados, como foi o caso da telenovela recente na Televisa: *Até que o dinheiro nos separe*, onde a marca Ford foi cenário e personagem, e tudo aconteceu em e ao redor da venda de carros desta marca (Franco, 2010).

Nas narrativas da ficção televisiva, nas telenovelas, especialmente, a tendência é não somente mencionar produtos ou serviços, não apenas mostrá-los em intercâmbios entre as personagens da ficção: eles também se integram como parte da trama ou servem de cenário para o drama, ou fazem parte dele (Orozco, Huizar, Franco e Hernández, 2010). Tudo isso permite que seja o mercado a guiar e definir não somente formatos e tempos de transmissão, mas inclusive conteúdos programáticos.

Mais do que nunca, a ficção, em qualquer de suas expressões audiovisuais, consagra-se como outra forma de contar a realidade e de influenciar nas audiências. Ao mesmo tempo, a partir da ficção, conquanto não somente a partir dela, é que também se estão abrindo possibilidades inéditas para fomentar e, eventualmente, consolidar uma cultura da participação.

Germes de uma cultura da participação das audiências e alguns desafios para sua pesquisa

A convergência tecnológica e a globalização da cultura estão propiciando a combinação de um ou mais meios de comunicação em processos intermidiáticos ou transmidiáticos; essas mudanças caracterizam-se principalmente pela capacidade narrativa de criar ou de expandir comercialmente diversos produtos em múltiplas plataformas.

As narrativas transmidiáticas – *transmedia storytelling* – nascem com a intenção de difundir-se por diversos meios. Trata-se da criação de um universo fictício, cujo conteúdo pode expandir-se tanto em termos de personagens quanto de desenvolvimento narrativo:

> É uma história transmidiática aquela que se desdobra através de múltiplas plataformas, cada qual como um novo texto, dando uma colaboração distinta e valiosa para o todo. Na forma ideal da narrativa transmidiática, cada meio faz o que melhor sabe fazer, com o fim de que uma história possa ser introduzida em um filme, ser expandida para a televisão, revistas e gibis; seu universo pode ser explorado nos videojogos ou como arte de um parque de diversões (Jenkins, 2008, p. 135).

As possibilidades que a internet oferece, dentro da convergência, potencializam os meios tradicionais, pois as narrativas transmidiáticas criam um "sensório envolvente", que permite ao espectador/consumidor transladar ou expandir seus gostos ficcionais para múltiplas plataformas que lhe fornecem diversas experiências sensoriais pela simples materialidade do meio.

Dentro do âmbito da ficção latino-americana, observou-se que o fenômeno intermidiático (televisão-internet) começa a dar seus primeiros passos ao situar as telenovelas em plataformas tecnológicas que ameaçam reconfigurar os processos de recepção e de consumo da ficção, pois, ao estar montadas na rede, as telenovelas podem ser vistas a qualquer hora e a partir de diversos lugares (Orozco e Vassallo, 2010).

Não obstante isso, a mudança motivada mais por razões mercantis do que culturais permite apenas apreciar essa desejada mudança de audiências espectadoras para audiências criadoras. Em parte é porque as alterações tecnológicas acontecem mais rápido do que as demais, e em parte também devido a que as plataformas interativas, onde se colocaram as telenovelas, são bem mais reativas (ao conteúdo narrativo) do que proativas; ou seja, ainda não se vislumbra a criação de novas narrativas por parte dos telespectadores/usuários latino-americanos capazes de criar novas histórias a partir da narrativa original, como acontece, de fato, com as chamadas "Fan-fic" (histórias de fãs) que reconfiguraram na internet caricaturas como *Dragon Ball* ou filmes como *Harry Potter* (Jenkins, 2008).

Em países da América Latina, por enquanto, essa tendência de criação da própria ficção por parte das audiências ainda está em germinação. Contudo, a participação simultânea destas em blogues, sítios e redes sociais de diversos tipos e procedências vai "aclimatando" as audiências a um modo de estar diverso do tradicional de espectadores.

É importante, pois, revelar maior *pesquisa* das muitas maneiras pelas quais as audiências estão dando passos rumo a uma cultura da participação. De um lado, seria preciso observar e documentar as formas em que a oferta midiática e informacional está convocando ou interpelando as audiências para ver quais são os modos de atrelá-las às diferentes telas e dispositivos audiovisuais. Por outro, dever-se-iam explorar as resistências das audiências à interlocução e os modos pelos quais emergem seus estilos no intercâmbio comunicativo. Vários estudos internacionais, como os aqui mencionados, mostram dados que falam, ao contrário, de um processo parcial que se desenvolve lenta e inequitativamente em todos os país, razão pela qual é preciso acautelar-se em relação ao otimismo que o potencial tecnológico permitiria abrigar.

De outra maneira, as mudanças estão nos formatos e nas próprias narrativas, nos modos de contar e em seu impacto nas audiências--usuários que abrem um filão de pesquisa muito rico, ainda pouco desenvolvido, mas fértil para a produção de conhecimentos. Podem ser estudos de recepção transmidiática ou casos de transmediação, ou de pesquisa participante nas interlocuções em redes sociais onde os participantes estão construindo seus discursos e dando significados a sua nova participação. Um dos maiores desafios é dar algum sentido nessa imensidão de interlocuções que a conectividade atual permite ante e a partir das diversas telas.

Capítulo 4

Brincando e aprendendo: a necessidade de "reaprender" com videojogos

"Don't bother me mom, I am learning"
[Não me incomode, mamãe, estou aprendendo]
(título do livro de Marc Prensky, 2006).

As aprendizagens como epicentro do educativo com os videojogos

Independentemente de que se torne consciente, reconheça-se ou se legitime uma aprendizagem não formal, e sem levar em consideração que, como todo conhecimento ou competência não formal, exigiria ser problematizado, a prática do videojogo produz diversas aprendizagens importantes e significativas, inclusive cheias de novidades (Prensky, 2001b; Gee, 2005), visto que envolvem habilidades e reflexões em áreas do pensamento ou relacionadas a outras "inteligências" (Gardner, 2004) que, tradicionalmente, não se estimulam a partir das aprendizagens formais da escola. No caso, seriam o pensamento hipotético dedutivo (Johnson, 2001), o pensamento prospectivo (Rayala, 2005) ou simplesmente o pensamento criativo (Orozco, 2008).

Somente a partir de uma perspectiva sobre "aprendizagens" (no plural) é possível pensar adequada e produtivamente o uso educativo de uma tecnologia lúdica, como o é o videojogo; uma tecnologia, em si, socialmente polêmica e ainda bastante desconhecida para todos e temida, e até mesmo condenada "a priori" pela maioria dos educadores.

Uma das grandes mudanças que trouxeram as novas tecnologias de informação à educação – e que os meios audiovisuais introduziram, mesmo que nem sempre se reconheça – consistiu precisamente em "fazer explodir" a aprendizagem. Mediante essa explosão, ficou bem claro que há muitas maneiras de aprender: formal, não formal e informal, para citar apenas as formas mais usuais de compreender os tipos de aprendizagem. Ao mesmo tempo, há muitos cenários para a aprendizagem.

A escola é apenas um cenário entre outros e, às vezes, nem sequer o mais importante.

Hoje em dia, e graças às novas tecnologias de informação, aprende-se em qualquer lugar e a qualquer momento. Não é necessário circunscrever a aprendizagem a determinados lugares "sob o teto", nem a certos momentos regulados por horários e sequências de planos de estudo, como é costume dentro dos sistemas educativos. Aprende-se na rua, na vida cotidiana, nos museus, aprende-se no mundo! E aprende--se tanto nos tempos considerados tradicionalmente produtivos, como seria o caso dos tempos escolares ou dos laborais, como nesses outros tempos, desdenhados antigamente como de ócio ou "tempos livres", visto que neles se realiza, agora, a maior parte das interações midiáticas e tecnológicas que conduzem à produção quase interminável de muitas das aprendizagens importantes contemporâneas. Pode-se afirmar que se aprende sempre e ao longo da vida.

Por outro lado, hoje se reconhecem tipologias de aprendizagem diferentes das estritamente cognitivas, pelas quais é possível distinguir aprendizagens racionais, afetivas e sensoriais, conforme se trate dos âmbitos e dos canais de percepção humanos que se envolvem, ou apren-dizagens simbólicas, estéticas, axiológicas, para cuja sistematização se foi avançando (Gardner, 1993).

A problemática e o potencial das aprendizagens não formais

Juntamente com o que se disse antes, o mais importante para o objeto que nos ocupa aqui é que essa explosão da aprendizagem mos-trou que somente uma parte, e cada vez mais uma parte menor, é a que se produz por via do ensino, ou seja, da instrução. A maioria das aprendizagens atuais resulta das interações com diversos referentes e, em especial, com as telas e seus dispositivos tecnológicos.

Os educadores reconhecem, preocupam-se e até mesmo receiam o que se possa aprender dos videojogos. Há um desconhecimento a respeito e, principalmente, estereótipos e uma falta de *legitimidade educativa* das telas em geral e, de modo especial, das dos videojogos. Aqui reside muito do mal-estar que os educadores e os pais de família sentem em relação ao envolvimento lúdico das crianças e dos jovens com elas. Esse mal-estar aumenta perante a constatação de que é possível aprender sem que exis-ta um propósito para isso e sem que haja uma pessoa em concreto que "ensine", que "eduque", o que confirma e aumenta os medos e temores dos educadores de serem substituídos pela nova tecnologia informacional e seus variados suportes e formatos.

Para o bem ou para o mal, o ensino como atividade tradicional está sendo desafiado fortemente, sem que isso signifique que esteja desaparecendo ou vá extinguir-se. Simplesmente terá de se reacomodar, encontrar outros modos e estratégias para continuar sendo importante na educação, em um contexto diferente, revolucionado em grande medida pela presença e alcances das novas tecnologias de informação.

Hoje, mais do que nunca, é necessário reconhecer que a aprendizagem *transcende* o ensino. Em qualquer caso, é preciso entender que somente um tipo de todas as aprendizagens possíveis, o que é estritamente uma aprendizagem formal, está sujeito à necessidade de ensino.

Entre os grandes desafios educativos de nossa época está, pois, a *integração* das diversas aprendizagens, sua validação, orientação, bem como o desenvolvimento de todas essas aprendizagens da vida cotidiana dentro dos processos educativos maiores. Talvez o "grande desafio" seja, ao mesmo tempo, o estímulo e a capitalização ou o *aproveitamento* do acúmulo de aprendizagens realizadas diante das telas e perante outros referentes diferentes dos formais, para os fins educativos que as sociedades tenham para as novas gerações e que buscam satisfazê-los através dos sistemas educativos existentes. As reflexões contidas nestas páginas apontam nessa direção.

A grande mudança sofrida pela aprendizagem em sua explosão tem a ver com essa transformação maior de *paradigmas do conhecimento*. Hoje em dia, estamos como seres humanos, como sujeitos sociais e como sociedades, passando de um paradigma centrado na transmissão de informação e de conhecimento, através da repetição, da memorização e da reprodução, para um paradigma centrado na *exploração*, na experimentação, na tentativa e no erro, mediante a criatividade e motivado pela transformação e pela inovação, e já não pela mera reprodução (Orozco, 2005).

É justamente nesse novo paradigma que se deve "dar sentido" às novas tecnologias para a educação e, em particular, aos videojogos. A partir do paradigma antigo não é possível imaginar como a navegação pela internet seja um processo de aprendizagem, tanto quanto o é um videojogo. A aprendizagem por descoberta é o eixo central dos processos educativos que se realizam hoje em dia, e nesses processos é que o ensino também deve "explodir" para reconverter-se em "mediação", ou em diferentes mediações, o que significa orientação, facilitação, acompanhamento do educando por parte do mestre.

A nova densidade do processo de aprendizagem

Olhando a evolução das "telas", desde a do cinema, da televisão aberta, do vídeo, até as mais novas tecnologias, como a internet, o videojogo, os telefones celulares e o Ipod, é possível perceber que o elemento essencial que separou velhas e novas tecnologias de informação e se diferencia das atuais é a interatividade. Essa qualidade permite, de maneira definitiva, situar o usuário da tecnologia como produtor, construtor, gerador de informação, como iniciador de processos, como fonte e ponto de partida de conhecimentos, como emissor e não apenas como receptor e consumidor da informação que se oferece nas diversas telas (Orozco, 2009; Cebrián, 2006).

A interatividade é muito mais do que interação (Scolari, 2008). Interações diferentes com as telas sempre houve e ainda as há, mesmo com aquelas telas clássicas, como a do cinema ou a da televisão tradicional, apesar de essas interações serem, às vezes, pouco perceptíveis ou não totalmente conscientes, dado que não existe sempre um espaço explícito de intercâmbio entre receptor e emissor. Isto, no entanto, não nega o fato, amplamente constatado pela pesquisa de audiências (Orozco, 2001), de que nenhum sujeito social "vê" o audiovisual com a mente em branco, vazia de conteúdos, e que toda interação midiática e tecnológica é um processo "multimidiado", não linear, através do qual se fazem diferentes construções e reconstruções da mensagem original. Toda recepção supõe interação com o conhecimento, consigo mesmo, com os outros, com a experiência, com o mundo, a partir de cenários sociais e culturais específicos. Contudo, a interatividade acrescenta a possibilidade de desconstruir, entendido literalmente como: destruir e voltar a construir, ou seja, reconstruir sobre o referente mesmo, não apenas sobre a própria interpretação do referente, feita pelo usuário, neste caso, ou pelo membro da audiência em sua relação com as telas midiáticas. O referente informático da interatividade é construído tanto pelo criador original quanto por cada um dos usuários posteriores. É, pois, essa situação que permite que um videojogador ou um internauta realize processos de exploração, até a projeção de cenários futuros, a inferência, a dedução, a comprovação de hipóteses, a postulação de regularidades e de regras, a associação de diferentes partes, a avaliação de resultados e o planejamento prospectivo, bem como as simulações. O exercício dessas habilidades significa a consolidação de uma "inteligência moderna", que supõe o desenvolvimento de uma "crescente habilidade mental superior", que permite antecipar o futuro a partir de predições com base nas simulações mentais informadas dos usuários dessas tecnologias (Rayala, 2005).

Uma perspectiva lúdico-pedagógica para trabalhar com videojogos (e novas tecnologias) em processos educativos

Há um crescente consenso entre pesquisadores das novas tecnologias em educação ao considerar que é precisamente o lúdico, o jogo como tal, o "terreno fértil" adequado para facilitar processos de aprendizagem dentro do paradigma da exploração. Essa convicção em torno da "ludicidade" como estratégia pedagógica tem origem no desencanto de pesquisadores e de educadores com os poucos resultados conseguidos através dos diferentes esforços de "educação crítica das audiências" ou de "educação para as mídias" ou "alfabetização midiática" que, salvo exceções, não alcançaram seus propósitos. Em parte porque quiseram entretecer pedagogicamente interações lúdicas e integrais (cognitivas, afetivas, sensoriais, racionais) com ensinamentos e instruções somente racionais, lineares, às vezes, inclusive, doutrinais, que não se "conectam" com a riqueza e a complexidade das experiências dos usuários ante as telas e que não logram problematizar a maioria de suas dimensões.

Independentemente do desencontro que implica uma estratégia pedagógica séria e estrita, somente racional, para interpor um objeto que a supera em muito, como é a interação e a interatividade com as telas, o motivo principal da confiança na pedagogia lúdica para tratar mais proveitosamente dessa interação é que não há contradição entre brincar e educar-se. Isso significa que não precisa haver incongruência entre educar-se e divertir-se, ou entre o prazer e a aprendizagem.

No novo paradigma da investigação, essa convicção é central e, além disso, é levada a seu nível máximo precisamente no videojogo, porque um bom videojogo consegue fazer com que a aprendizagem seja um verdadeiro prazer (Gee, 2005). Como se alcança isso? Invertendo os pontos de partida e de chegada. A aprendizagem é estimulada através do jogo, razão por que se começa jogando e, a partir daí, recupera-se a aprendizagem. O método é o próprio jogo. Evidentemente é um jogo desafiador para o jogador, e enfrentar o desafio e superá-lo se lhe revela especialmente gratificante, mas acima de tudo estimulante para continuar a jogar. E isso com tal intensidade que pareceria que os videojogadores se tornam "viciados" em videogames. O ponto que vale a pena enfatizar aqui é que o jogo consegue fazer com que o jogador não apenas aprenda, mas que desfrute da aprendizagem, por se revelar tão atraente e estimulante como processo educativo. No entanto, ainda mais, o videojogo leva o jogador a "aprender a aprender". Isto significa que o jogador aprende a relacionar informações para conseguir um objetivo, que aprende a antecipar consequências, a inferir e a deduzir as mesmas regras não dadas, mas necessárias para continuar jogando-aprendendo (Johnson [Steve], 2005).

Embora os videojogos e as demais tecnologias de informação constituam recursos para diferentes aprendizagens, eles também comportam riscos, que é importante mencionar para não se parecer ingênuo ou falsamente otimista em relação a essa tecnologia e seu potencial para a educação.

No caso dos videojogos, comprovou-se que, na dimensão estritamente cognitiva, os efeitos são positivos. Contudo, em outras dimensões afetivas ou ideológicas, podem ter efeitos desagradáveis. Esse é o caso de alguns conteúdos de violência que sempre preocupam pais e educadores (Estallo, 1997). Semelhantemente aos estudos sobre a influência da violência de outras telas, como o cinema e a televisão nos receptores, com respeito aos videojogos há um debate aberto sobre o tipo de efeito e ainda sobre se realmente o possível efeito negativo é relevante ou não, duradouro, passageiro, efêmero. Alguns dizem que um videojogo violento pode resultar em catarse para o jogador; outros, ao contrário, afirmam que os jogadores se vão acostumando com a violência (Squire, 2005).

Outra das preocupações com o videojogo é o que se denomina "componente viciante", se pode desenvolver-se nos jogadores devido à grande "gratificação" ou prazer que obtêm do jogo, levando-os a buscá--los cada vez mais e deixando de fazer outras coisas fundamentais do cotidiano. No entanto, diferentemente da dependência das drogas, o vício do videojogo ou de outras tecnologias (internet, telefone) tende a ser temporário, manifesta-se principalmente na adolescência, estimulada pelo grande mercado de produtos de videojogos para consumir, os quais exacerbam a excitação dos jogadores até limites insuspeitos.

A pesquisa sobre o videojogo atualmente se bifurca em duas grandes tendências: a pesquisa dos conteúdos, principalmente de seus relatos, mais do que de seus discursos, e a pesquisa de seus formatos e lógica de jogo (Wolf, 2001). Há, porém, uma argumentação interessante do filósofo Steven Johnson (2005) sobre o fato de que o realmente importa em um videojogo é seu formato e sua lógica e que o relato é um mero "pretexto", uma espécie de plataforma necessária, para dar corpo ou suporte ao jogo. Portanto, ao enfocar a atenção, o jogador não segue a lógica linguística do conteúdo (seja ou não violento, ou indesejável, por outros motivos), como seria o caso em uma telenovela ou película, mas a lógica da própria ação, sua sequência, que é fundamentalmente hipotético-dedutiva, ou seja, a qual se baseia na maneira de inferir as regras para concluir o jogo com êxito.

Reaprendendo com videojogos:
1. "Tornar evidente" ao jogador seu processo seguido na interatividade com a trama do jogo

Mais do que com outras telas (de meios e tecnologias), no videojogo o jogador costuma compenetrar-se tanto que se desconecta temporariamente da realidade que o circunda, o que é, até certo ponto, uma condição para poder desenvolver-se na lógica da maioria dos jogos. Isso se aplica tanto aos jogos típicos de *X-Box*, *Play Station*, como aos mais novos de *Wii* (Nintendo), passando pelo *Guitar Hero* ou *Rock Band*; jogos que incorporam movimentos reais do jogador, principalmente nos videojogos esportivos, mas que, não obstante essa diferença em relação aos outros no nível físico e psicomotor, mantém também o jogador sem plena consciência das aprendizagens conseguidas enquanto joga. O resultado é que o jogador não se torna consciente, ou pelo menos totalmente consciente, do processo e do tipo de decisões que vai tomando para conseguir suas metas. Sua aprendizagem inicial fica como que em um estado de imanência, do qual sai somente quando é desafiado por outro videojogo. De fato, os jogadores vão acumulando cada vez mais uma experiência considerável para jogos de maior dificuldade e complexidade, mas essa experiência, semelhantemente à de ser telespectador ou frequentador de cinema, não se manifesta necessariamente através de um pensamento e de um discurso reflexivo (Orozco, 2001). Exige-se a intervenção ou a mediação de um terceiro que problematize pedagogicamente o que o jogador conseguiu, a fim de que este tome consciência do que fez, do por que o fez, do como o fez, e possa, em primeiro lugar, verbalizá-lo, em seguida, repensá-lo e dimensioná-lo no âmbito nacional, para então, sim, poder usar cognitivamente essa aprendizagem em outros cenários distintos do videojogo. Ferrés (2000), inclusive, fala de uma passagem necessária do âmbito da afetividade para o âmbito racional, como condição de "capitalizar" a aprendizagem.

Reaprendendo com videojogos: 2. Usar a aprendizagem feita conscientemente em contextos ou cenários diversos

A estratégia de usar a aprendizagem em cenários diversos daquele do videojogo de onde resultou é epistemologicamente possível dentro de uma perspectiva ou visão "construtivista" do conhecimento, sobre a qual Vigotsky (1978) desenvolveu a categoria da "Zona Proximal", que outra coisa não é senão o que, a partir de outras cosmovisão e latitude, Freire havia desenvolvido (1970), quando falava de "situações-limites" de aprendizagem. Trata-se, pois, de que, ao problematizar um conhecimento, o sujeito é ajudado a dar o passo seguinte, a superar o limite ou a aproximar-se de uma nova fronteira de conhecimento. De igual modo, há um novo desafio cognitivo para o videojogador, pelo qual estaria motivado a experimentar.

O desafio é também para o educador, acompanhante, facilitador ou mediador que trata de aproveitar a aprendizagem do jogador para outras metas relevantes de seu desenvolvimento educativo. O processo pelo qual se torna evidente, primeiro, o que se aprendeu ao jogar ou ao estar jogando, para, em seguida, transladá-lo para outro cenário e prová-lo com metas diversas, é o que podemos denominar um processo de "reaprendizagem", o que significa precisamente: reaprender, voltar a aprender a partir de uma aprendizagem original despercebida.

Alguns videojogos, como é o caso de *SimCity, SimLife*, facilitam de fato essa aprendizagem ao basear sua lógica no desenho de toda uma cidade por parte dos jogadores ou de todo um ecossistema vivente, respectivamente, que permite já a partir do próprio jogo aplicar as aprendizagens realizadas na simulação de outro cenário semelhante ao real. Isso, porém, se dá apenas em alguns jogos na internet. A maioria dos videojogos tem um suporte narrativo improvável a partir de uma lógica de realidade, que tampouco é ficcional, mas imaginária; razão por que a tarefa pedagógica de um educador é a de mediar para tornar evidente a aprendizagem alcançada em um cenário improvável e torná--la aplicável a outros cenários e contextos não somente prováveis, mas, inclusive, reais.

Aqui, as opções para facilitar aprendizagens são tantas quantas se quiser, visto que, ao apresentar a intervenção com uma série de exercícios lúdicos, um mediador educativo pode sugerir o próprio bairro, a própria cidade ou o próprio país, proporcionando alguns dados básicos como ponto de partida e pedindo aos jogadores-educandos que busquem outros, tais como densidade de população, perfis da população por idade, gênero e por nível de ingresso, espaços habitados, planos por zonas, tipo de infraestrutura de parques ou de entretenimento etc., e coletivamente planejar e desenhar algo melhor a partir disso.

A dimensão coletiva que implica essas aprendizagens é algo valioso, que permite, além do mais, colocar em perspectiva a tecnologia e as telas específicas ou o videojogo específico de que se trate. Com esses exercícios lúdicos, aspira-se também a reaprender sobre as tecnologias de informação como tais, ao passo que a experiência de recolocar a aprendizagem produzida em um videojogo em outro cenário da vida real facilita a que a tela e sua tecnologia particular percam esse halo místico, às vezes visto como impenetrável pelo usuário, ao serem deslocadas pelo jogador-educando para uma dimensão também instrumental em função de outros fins, além da própria tecnologia e do próprio jogo.

A partir dessa outra dimensão, é possível também problematizar aprendizagens primitivas ou anteriores, visto que se pode contrastar a relevância de metas próprias do videojogo com metas próprias da vida. E educar para a vida, não somente para ser aprovado em um ano escolar ou passar com boa qualificação numa disciplina, ou saber um pouco mais de algo ou sobre alguém. Facilitar aprendizagens, mas também reaprendizagens, é, talvez, a meta prioritária de um educador crítico. Os videojogos são, pois, um cenário e ao mesmo tempo um material e uma ferramenta inestimáveis para isso.

Capítulo 5

A "condição comunicacional": um paradoxo da cultura participativa das audiências[*]

Uma utopia tornando-se realidade?

Nunca antes se havia tido a opção real de que as audiências pudessem participar diretamente na interlocução com as mensagens, com seus produtores e seus emissores. Menos ainda se havia experimentado uma participação horizontal ampliada entre membros da audiência, intercambiando papéis de emissor e receptor em ambos os casos, como acontece atualmente com os sítios na rede de computadores, desenhados para isso e com as redes sociais. A participação "a partir das telas" tampouco havia sido tão diretamente estimulada como começa a sê-lo agora, precisamente a partir dessas redes sociais.

Esse fenômeno, complexo e ainda sem compreensão completa, parece tornar realidade a velha utopia dos educomunicadores de conseguir, por um lado, uma percepção eventualmente crítica das audiências ante as mensagens dos meios de comunicação de massa tradicionais e, por outro e principalmente, a criação própria de produtos audiovisuais diferentes, que sejam, por sua vez, os insumos para novas interlocuções com todas as partes envolvidas perante as telas.

Alguns autores, como Jenkins (2009), já falam da emergência de uma "cultura participativa" por meio das telas. Outros autores, como Maffesoli (2009) ou Piscitelli et al. (2009), referem-se a uma grande mutação que se está produzindo, mediante a qual as pessoas modificam substancialmente sua maneira de interagir devido à mudança drástica de papéis, expectativas e gratificações possíveis na interação contemporânea. Pareceria que toda essa efervescência sustenta e substancia, por

---

[*] Texto original apresentado nas *Jornadas: culturas pedagógicas da comunicação*, do OETI (Observatório Europeu da TV Infantil), Barcelona, Espanha, novembro de 2010 (Orozco, 2010b).

A "condição comunicacional" de nosso tempo

sua vez, a "grande mudança de época" a que, há uma década, Martín--Barbero e Rey se referem (1999).

A "condição comunicacional" de nosso tempo

Apesar de tudo, junto ao otimismo de muitos e sem menosprezar o potencial da interatividade e das convergências diversas, visíveis hoje em dia, faz-se necessário enfocar também as divergências e os déficits de participação existentes, que, como contraparte, permitem vislumbrar um cenário mais realista, a partir de um ângulo que permita intervir, já que se requer um esforço integral dos educadores, principalmente, para tornar realidade as diversas potencialidades que esse cenário anuncia para as audiências (Orozco, 2010).

Por "condição comunicacional" justamente deve entender-se, primeiramente, a possibilidade inédita de transitar do papel de consumidores (passivos ou hiperativos) para o papel de produtores criativos, criadores de informação substancial e, em seguida, para o papel de emissores, através de combinações multimídia ou transmidiática de produtos audiovisuais a partir de plataformas diversas. Em segundo lugar, a "condição comunicacional" implica e exige uma atividade ou administração da parte das audiências, não somente uma interpretação diferente audiovisual de referência. Agir de maneira real supõe, pois, poder "desconstruir" comunicacional e materialmente os referentes midiáticos, graças à "interatividade" que o digital nos permite.

Na dimensão analógica, a interatividade das audiências era sempre simbólica ou não manifesta de maneira visível, como quando se pensava, se resistia, se negociavam significados ou se reinterpretava o significado original proposto pelos referentes midiáticos. Agora, esses referentes, além de poderem ser ressignificados e, eventualmente, apropriados ou contrapostos pelas audiências de maneira diferente, podem ser entretecidos, destruídos ou reconstruídos materialmente, informacionalmente. Isso, porém, não é automático, nem resulta a partir do multiplicar de repetições. É preciso construí-lo e propiciá-lo.

Essa "condição comunicacional", pois, veio a ser uma espécie de cenário e, ao mesmo tempo, umbral para todos os educadores dos meios, preocupados em fortalecer a ativação das audiências perante eles. Por isso, hoje em dia, um dos grandes desafios é o desenvolvimento de competências comunicativas, saberes e práticas produtivas, alfabetismos múltiplos, para nos assumirmos, como audiências, também como produtores e emissores, e não apenas como receptores e consumidores.

Cada vez mais o ser audiência (espectador, usuário, prossumidor etc.) se define também pela capacidade de emissão e de criação comunicativa, não somente pela situação de recepção. E isso é uma mudança fundamental em si, mesmo que, por enquanto, somente envolva uma porção menor das audiências, como o demonstram os dados de diferentes estudos de consumos audiovisuais no mundo e na Ibero-América, particularmente (Orozco, 2010).

Independentemente, percebe-se nessa manifestação de uma cultura participativa, principalmente entre os jovens, uma tendência crescente que é preciso fortalecer. Porque, embora não se nascesse nem se nasça como telespectador ou ouvinte de rádio, mas se vá tornando aos poucos, tampouco se nasce como produtores, emissores e criadores: é preciso aprender a sê-lo, é preciso chegar a sê-lo. De modo especial, quando a prática da interlocução, em grande medida, está condicionada pelo mercantil e por outros critérios alheios à comunicação e a outras circunstâncias culturais e de tradição nos países ibero-americanos.

Uma cultura de participação em relação às telas emerge como forte tendência entre setores específicos de audiências em muitos países, sempre naqueles setores mais "conectados", e sempre naqueles países com um alcance maior no acesso à cultura digital global. Essa emergência localizada não significa, no entanto, nem a imediata generalização do fenômeno nem tampouco a extinção automática ou necessária de formas passivas "pré-digitais" não participativas, de estar e de ser das audiências ante a emissões midiáticas tradicionais (como é o caso daquelas emissões de massa da televisão aberta ou do cinema ou do rádio (Orozco, 2011). As novas "interatividades", mister se faz enfatizá-lo, vão-se manifestando ao lado das velhas interações, de espectadores e receptores passivos (White, 2006), que continuam vivas entre as audiências.

De acordo com o relatório de um estudo da Fundación Telefónica e Ariel (2008), em países da Ibero-América, mostra-se que, junto ao constatado envolvimento de crianças, adolescentes e jovens com as telas em todos os países desse âmbito geográfico, somente cerca de 10% de todos os envolvidos são realmente "criadores ou seriam sujeitos que atuam e interagem plenamente em uma cultura participativa". Os demais são antes seguidores, receptores ativos, sim, mas receptores que principalmente reagem aos estímulos que recebem, e consomem mais produtos audiovisuais do que antes, ao baixá-los em seus equipamentos e desfrutá-los em suas telas, mas que nem sempre transcendem esse *status* de consumo midiático, para assumir-se no papel de produtor e emissor a outros cibernautas.

As audiências: muitas maneiras de "estar, ser e consumir" ante as telas

Ser audiências e estar como audiências é o papel característico e principalmente distintivo dos cidadãos desde a metade do século XX, em que a televisão "chegou para ficar" e se inseriu como epicentro do intercâmbio societário (Scolari, 2009). Essa singularidade sociocultural supõe que uma porção crescentemente significativa de nosso agir cotidiano se faz através ou em torno de telas e de dispositivos tecnológicos de intercâmbio de informação. Ser audiência significa interagir com os outros e com o outro, mediados por dispositivos técnicos de comunicação, em grande parte audiovisuais.

Tradicionalmente, os meios de comunicação de massa iniciais – cinema, rádio e televisão – nos situaram justamente como massa que recebia aparentemente de maneira apenas passiva o que era transmitido pelas telas. Desde uma incipiente atividade mental ou emocional reativa, até a "hiperatividade" contemporânea que caracteriza determinados setores da audiência, continuamos a ser participantes de uma crescente tendência de audienciação (Orozco, 2001). Audienciação que corre paralela a essa outra tendência de midiatização (Livingstone, 2009), pela qual, cada vez mais, a vida, em todos os seus âmbitos, se vive entre telas e dispositivos informacionais.

Essa audienciação não é estática: vai incorporando diferentes papéis e estágios ante as telas, desde o papel de ser ou de estar como mero espectador, passando por recepção ativa, recepção crítica, interlocução, usuário e hiperatividade, até produtor ou "prossumidor". Essas etapas, estágios, posicionamentos, como se quiser denominá-los, não são excludentes entre si. O que significa que passar a um estágio novo não supõe tornar obsoleto ou superar para sempre estágios ou papéis anteriores. Modos de estar como audiência se vão acumulando e, dependendo de vários elementos, manifestam-se de uma ou de outra maneira. Ou seja, ser espectador, inclusive de internet, é perfeitamente possível como modo de interagir com esse dispositivo. O contexto, a cultura, o mercantil, o político e a historicidade com as telas contam como mediações das interlocuções várias das audiências.

Por outro lado, nem sequer ante o computador conectado à internet temos ou gozamos de toda a liberdade com audiências, prossumidores ou usuários, visto que há várias regras não explícitas para a interatividade que dificultam estar com plena liberdade, condição *sine qua non* para sermos plenamente criativos, inovadores, participativos.

Segundo argumenta a autora inglesa Michele White (2006), em seu livro *O corpo e a tela*, o computador "nos fixa" como seus espectadores, "dita-nos" o que se pode e o que não se pode fazer, "situa-nos" em uma posição na qual a margem de movimento corporal e cognitivo está definida de antemão, ou seja, não por nós mesmos como usuários. Sob essas condições e sob certas opções de conexão é que ensaiamos nossas travessias ou nossas visitas a sítios ou baixamos materiais e os enviamos a outros. Dentro de certo marco é que participamos das diversas "redes sociais". Os condicionamentos não são apenas materiais, corporais, tecnológicos ou cognitivos: são, principalmente, culturais, de costume e de autoestima.

Os meios de comunicação de massa constituíram um cenário e um reinado bastante vertical e autoritário. Acostumaram-nos a ser receptores, maleáveis segundo suas pretensões consumistas. Não havia possibilidade de réplica no sistema de meios de massa, cujo espectro comunicacional é de um emissor que transmite ou difunde para muitos receptores. A situação de ser partícipe passivo em uma massa e, a seguir, de estar em um "nicho de audiência" com os canais pagos, bem como de controlar melhor nosso consumo televisivo, não nos modifica no essencial: continuamos sendo espectadores, ainda que, talvez, apenas mais focados em certos tipos de produtos midiáticos.

Essa posição anterior de "audiência que recebe" nos manteve acostumados a reagir a partir dessa posição de submissão e sem sentir-nos interpelados a debater, a contradizer, a resistir e/ou a negociar os envios maciços recebidos. A opção ao alcance foi o *zapping*, que tampouco nos transformou em telespectadores passivos. O *zapping* não é uma opção proativa, mas meramente defensiva. Independentemente de algumas mudanças que podemos atribuir-lhe, por exemplo, na maneira aparentemente seletiva na recepção, pela qual acreditamos assumir o controle do que queremos ver, realmente não é assim.

A "mobilidade" dos telespectadores ante a tela do televisor, de um canal a outro, é meramente uma maneira de reagir ao que os emissores nos oferecem para assistir; não é, em si mesma, uma maneira de escolher o que nós, como telespectadores, realmente queremos.

Hoje na comunicação "pós-massiva" ou, como diz Castells (2009), na "autocomunicação massiva", para incluir todas as possibilidades de uns e outros tipos, algumas de nossas maneiras de estar na interlocução continuam sendo essencialmente receptivas, não produtivas. Consumistas, não proativas nem criativas. Por isso, uma estratégia comunicacional-educativa que busque incidir nessa dimensão, trataria de fortalecer as capacidades de criação e produção comunicativa e de transmissão midiática de todos os cidadãos.

Implicações pedagógicas para a formação de audiências participativas

Partindo da base de que qualquer tela se aprende e que de qualquer aprendizagem sempre se pode reaprender (Orozco, 2009), em seguida se apresentam algumas ideias para estimular uma agenda educativa das audiências, a fim de fortalecer sua cultura de participação em relação às telas.

Do consumo à produção: uma mudança de 360 graus

Como ponto de partida para pensar uma estratégia de crescimento pessoal e coletivo que aproveite essa condição comunicacional e, ao mesmo tempo, propicie um fortalecimento à imaginada e desejada cultura participativa de audiências jovens, é necessário reconhecer, para não confundir, que grande parte das interações atuais com as telas, muito interativas e sob o controle do usuário, continua sendo interatividades realizadas dentro do âmbito do consumo, não da produção, menos ainda da criação (Hoeschmann e Bronwen, 2008). Portanto, a primeira coisa a fazer seria tornar bem evidente os limites entre consumo e produção nas interatividades múltiplas com as diversas telas, para que fique claro aos usuários o âmbito em que realizam sua interatividade.

Fazer um clique não supõe sempre o mesmo (Scolari, 2004). Algumas vezes é apenas para continuar na interação, outras para selecionar um conteúdo, outras vezes para baixar esse conteúdo e poder desfrutá-lo na própria tela ou em outro momento. Somente algumas vezes é para contestar, propor, emitir um conteúdo, uma crítica, um comentário ou uma sugestão. E muito poucas vezes é para criar um conteúdo substancioso, como um vídeo ou mapa conceitual, ou um trecho de música que em seguida será clicado para todos os da rede ou para aqueles que visitarem o sítio onde foi inserido.

Uma vez diferenciado o consumo, é preciso desenvolver uma série de "destrezas" ou "competências" ou "saberes", para mover-se com propriedade nessa dimensão. Não se trata de abolir o consumo *per si*, mas somente de facilitar no usuário, dominantemente consumidor, aqueles elementos para melhor consumo, ou para um consumo seletivo e produtivo, e para ir situando-o no âmbito da produção.

Esse âmbito da produção supõe uma série de etapas (que variam segundo as ênfases dos autores proponentes) e que, segundo a pesquisadora mexicana Pérez (2010), devem ser aprendidas e ensinadas de forma independente e, principalmente, praticadas para serem dominadas e usadas adequadamente, a fim de aqueles membros da audiência situados na interlocução produtiva com as telas possam criar. Essa autora sugere as seguintes etapas-níveis de complexidade:

1. Primeira etapa: *acessar a informação*. Isso supõe buscar e encontrar o que se deseja, manusear adequadamente as palavras-chave, combinações bem-sucedidas e circulação fluida entre diferentes sítios.

2. Segunda etapa: *gestão da informação*. O que supõe arquivar, classificar, relacionar e recuperar informação.

3. Terceira etapa: *integrar a informação*. O que significa manipular e transformar a informação em novos compostos, que podem combinar imagem, áudio, escritura, segundo os objetivos buscados.

4. Quarta etapa: *avaliar a informação*. O que implica verificar e avaliar a legitimidade e a certeza da origem e da composição mesma da informação, assim como sua qualidade.

5. Quinta etapa: *criação de informação*. O que envolve a desconstrução da informação obtida e a criação propriamente de nova informação e de envio e recepção multimodal e transmidiática.

Como sugerem vários autores no n. 32 da Revista *Comunicar* (2009), tanto as competências informativas, como as aqui indicadas, quanto as midiáticas, que abarcam as dimensões econômica, política e cultural, são vitais para um aprendizado múltiplo.

A interpelação das audiências, chave de um processo de transformação da interatividade

Cada meio ou dispositivo informático convoca, fala, condiciona, posiciona de uma maneira ou de outra suas audiências e usuários (White, 2006). Às vezes, assume-os claramente como consumidores, outras mais como interlocutores e, poucas, como cidadãos (García-Canclini, 2003) criativos e participativos (Jenkins, 2011). Ao mesmo tempo, cada produção audiovisual implica um perfil de audiência, assim como cada livro ou material impresso supõe um leitor implícito ou um leitor ideal, que busca uma leitura ou, em seu caso, uma assistência televisiva preferencial. Fazer inovações pedagógicas diria respeito, em grande parte, a essa dimensão convocadora.

Que tipo de telespectador, internauta, interlocutor imaginamos para a realização de produtos concretos a serem transmitidos nos canais ou sítios onde interagimos? Que tipo de comunicante? É uma questão-chave, em primeiro lugar, para um educar que problematize a participação das audiências e, em segundo lugar, para as audiências mesmas, a fim de encontrarem concordância entre o que se produz, o que se pretende e a quem se quer chegar.

Os canais não comerciais (culturais, públicos, educativos) tradicionalmente imaginaram audiências racionais, necessitadas de informação, educação e alta cultura (Martín-Barbero, 2010), e não audiências comuns e corriqueiras, ávidas de histórias, de imagens impactantes, de programação variada, de emoções fortes e de sensações múltiplas.

Pelo contrário, meios comerciais atingem audiências tolas, essencialmente consumistas, mas com níveis intelectuais sumamente baixos, incapazes de desfrutar o que não seja superficial e evidente, e inábeis para pensar e questionar; atingem audiências essencialmente ávidas de gratificações baratas. Por isso, tanto espetáculo na oferta e tanta atenção à publicidade e a efeitos grandiosos que chamem a atenção.

A interpelação das audiências sempre pressupõe uma premissa sobre o que é a audiência, porque a maneira de tratar e de convocá-la se constitui em algo fundamental e insubstituível, imprescindível, para uma interlocução alternativa, mais dialógica, produtiva e significativa, e mais emancipadora para os participantes em processos de comunicação.

Capítulo 6

Uma cidadania comunicativa como horizonte pedagógico para a educação das audiências[*]

O distintivo da "audienciação" contemporânea

Se em outras épocas o "contrato social" ou acordo político estabelecido entre o Estado e os cidadãos se realizava e manifestava de maneira direta através de interações pessoais e coletivas em determinadas instituições como o trabalho e a escola, ou em certos lugares como a praça e a rua, na época atual, as interações centrais da vida cotidiana, relações que têm transcendência tanto na esfera privada quanto na pública, realizam-se cada vez mais de maneira indireta, mediata, através dos diferentes meios, tecnologias e fluxos informativos dos quais participam. Até a presença física nas instituições clássicas deixou de ser imprescindível, e as fórmulas laborais *on-line* e educativas a distância cada dia são mais amplas em nossa sociedade.

Somente para ilustrar com alguns exemplos, pode-se citar, na dimensão do econômico, o pagamento de serviços de diferentes tipos através da internet, tanto na tela do computador quanto na dos dispositivos móveis, ou a publicidade e a recepção de dinheiro; ou no caso do político, a votação *on-line* de candidatos ou a "participação" em organizações e movimentos sociais virtuais ou em redes, também através do dispositivos móveis. No caso do entretenimento, pode-se mencionar a escuta de música e a visualização de vídeos e demais materiais audiovisuais e musicais em diferentes suportes tecnológicos. Na dimensão educativa, desde o simples ato de assistir às imagens até a exploração mais intencional de cenários *on-line*, plataformas e fóruns, ou a busca de informação específica através de diversos tipos de sites, bem como a promoção e produção de várias aprendizagens, a aquisição

---

[*] Uma versão anterior deste texto foi apresentada no congresso internacional do OETI: Observatório Europeu da TV Infantil, e publicada nas memórias como "Uma cidadania comunicativa como horizonte de uma pedagogia das telas", Espanha, 2009.

de conhecimentos com e a partir das telas. No caso da cultura, é preciso mencionar que, como esfera simbólica da vida, contém a administração de todos na cotidianidade, onde os símbolos e a significação das ações e de seus produtos, bem como seu intercâmbio, reprodução e circulação emergem e procedem majoritariamente de, ou através de, alguma tela.

Tudo isso e muito mais constitui o que alguns chamam a virtualização das práticas sociais e outras denominações como a "audienciação" das sociedades contemporâneas, acentuando o sujeito da ação mais do que a ação mesma, para indicar que o fenômeno ou a tendência dominante na atualidade é essa diversificação inovadora dos setores e segmentos de cidadãos em relação a suas interações com as diversas telas.

As audiências, reconvertidas em interlocutoras das telas, agora com a possibilidade da interatividade propiciada pelo digital, vão desenvolvendo seu potencial de participação, o que, por sua vez, as converte também em usuários que transformam a informação que recebem nas telas em novos produtos, não somente a reinterpretam, instalando-se como produtores e emissores ao mesmo tempo, já não apenas receptores, de diversas informações e em sujeitos ativos socioculturalmente a partir delas. Assim, emerge uma nova cidadania que, a partir das telas, como audiências-usuários, pode incidir na vida cotidiana real, na esfera pública, nos cenários econômicos e financeiros, tanto como políticos, ou ficar excluídos deles.

Novos direitos e obrigações dos cidadãos

Se, tradicionalmente, o tema da cidadania, em seus diferentes aportes e perspectivas – que veremos mais adiante –, concentrou-se em deslindar e descrever direitos e obrigações dos cidadãos como indivíduos e como parte de coletivos, a "condição comunicativa" de nosso tempo torna necessárias novas formulações ou narrativas do que seria a cidadania comunicativa. Por condição comunicativa entendesse aqui precisamente o fato inescapável da múltipla interação entre audiências-usuários e telas.

Em um mundo da globalização, ocorrem muitas descentralizações e reordenamentos ao mesmo tempo. Um dos mais importantes é precisamente o da cidadania (Ramírez, 2007). Antes relacionada ao local ou ao nacional, cada vez mais a cidadania agora se erige em função do mundo. E nessa permanente reconstituição, a comunicação midiática e a digital são, juntamente com os canais ou veículos, as mediações-chave de sua própria construção. O mundo está nas telas. Nelas se percebem e a partir daí se imaginam os outros vários mundos.

Não se trata apenas de que certos modelos do que é "ser cidadão" se propaguem através de alguma das telas. A questão é que, sobretudo e além dessa propagação, desde a recepção dessas imagens, a partir da interação mesma com as telas, os cidadãos aglomerados em audiências constroem sentido tanto dos modelos como de sua interação com eles, e assim de sua própria identidade como sujeitos.

Os modelos não apenas convidam à imitação, mas são detonadores de formações e de configurações identitárias e culturais, com e além das quais se erigem e se relacionam os cidadãos. Ali, ante a tela televisiva, se tomam posições políticas perante o acontecer local, regional ou mundial. Ali, diante de algum vídeo visto em dispositivos móveis ou em um filme no cinema, se constroem os sentidos e se interpretam as imagens e os discursos políticos e econômicos em uma permanente e incessante construção simbólica da qual haurem o pensamento e a percepção (Orozco, 2001). Ali, diante da telenovela, se revolvem as paixões e afloram as emoções e se renovam ou se reciclam a afetividade, a tolerância, as adoções e as "dependências".

Da imprensa escrita/lida formam-se opiniões, tanto quanto de um programa noticioso de rádio ou de televisão, ou da visita a um sítio de internet. E tudo isso traz opções, mas também rotas prefixadas. O controle social também passa pelas telas. Não é somente a partir do púlpito que se sanciona o acontecer social, ditam-se condutas ou se condenam ações e acontecimentos. A partir das telas é que se realiza tudo isso e muito mais.

A inclusão e a exclusão sociais, políticas e culturais das pessoas e dos grupos, bem como de ideias, valores e posições ideológicas diversos se realizam também a partir das telas. Quase pareceria que o que não se vê nelas, especialmente na televisão, perderia a existência. E, de fato, perde a existência midiática. E o contrário também é verdadeiro, visto que o que se vê pode adquirir uma presença irreal, inusitada ou espetacular na tela.

A agressão aos direitos humanos fundamentais e a violação das garantias cidadãs cada vez mais se exercem a partir das telas. Com base nelas se nomeia ou se oculta, exagera-se ou se minimiza, neutraliza-se ou se manipula, reduzem-se ou se descontextualizam os sujeitos sociais, os grupos e os fatos, o que em seguida adquire peso real e consistência nas interações cotidianas dos cidadãos nos diversos cenários por onde circulam.

Por tudo isso é que a cidadania comunicativa é relevante, deve ser imprescindivelmente tratada a partir da educação como um dos objetos mais preciosos de formação humana e democrática na atualidade. E, em certa medida, busca-se abrir uma brecha nessa temática, visto que o conceito de cidadão está focado no político e em menor medida no econômico, mas bem pouco no cultural e menos ainda no comunicativo. E é justamente dessa dimensão cultural que o comunicativo adquire sentido.

Um conjunto de cidadanias existentes

A origem da cidadania como categoria aglutinante e diferenciadora, mais do que como conceito abstrato, como conjunto de critérios e responsabilidades para conviver em sociedade, teve uma evolução em vários de seus componentes. Se, originalmente, a cidadania serviu para reconhecer direitos e obrigações, e constituir um acordo entre o poder e os cidadãos, com o tempo deixou de ser uma peça monolítica de referência quase unívoca para difratar-se em várias subcategorias: cidadania política, social, econômica, cultural e, agora, também comunicativa, para citar apenas as mais significativas.

A aglutinação crescente das populações em formações urbanas, ou seja, em cidades, e a interação múltipla que se dá nelas e em seus habitantes, e entre estes e as instituições, autoridades e poderes, é a origem da delimitação dos direitos e das responsabilidades de uns e de outros, no marco das diferentes perspectivas sobre a cidadania. Também na moldura que delimita a permanente diferença entre governos e cidadãos.

Cidadania política

Uma primeira referência ou categorização é a cidadania política, que é a que talvez se conheça mais, visto ser fundamental em qualquer democracia. Dentro dessa perspectiva, há duas tendências de compreensão. De um lado, está a liberal: nessa perspectiva, inspirada nos direitos humanos individuais, trata-se precisamente de colocar no centro da interação sociopolítica o sujeito social como indivíduo. Outra face da mesma moeda seria a cidadania política republicana, que ressalta a pertença dos indivíduos a coletividades e sociabilidades, donde surgem seus direitos e obrigações (Padilla, 2009b). Ambas as perspectivas valorizam e definem a participação na esfera pública, os direitos à esfera privada, e se diferenciam nas ênfases com relação aos próprios cidadãos. Enquanto na liberal o indivíduo é o ponto de partida e de chegada, o epicentro da cidadania, na republicana é a comunidade.

Cidadania econômica

A cidadania econômica enfatiza o concernente a esse âmbito e, em particular, busca explicitar os direitos e as obrigações que dizem respeito aos indivíduos e às coletividades, assim como aos Estados nas decisões que afetam diretamente o laboral e o mercantil. Ou seja, o cenário do trabalho está relacionado a ele, como a segurança do trabalho, a política de salários mínimos, o direito de greve e de associação sindical, entre outros. Na realidade, aqui também entrariam as definições sobre o que é pobreza e indigência, e, por outro lado, o que é riqueza e opulência, além de índices macros e microeconômicos sobre os quais se vai definindo o caminhar das nações (Reguillo, 2009). As estatísticas atuais, objeto de deliberação e de participação cidadãs para tomar decisões correspondentes, estão sendo debatidas a partir de perspectivas diversas, o que vem a ser ponto central no que diz respeito ao cultural também.

Cidadania social

A cidadania social foca-se em avaliar as condições do contexto em que se dão todas as interações sociais, desde o que está relacionado ao desfrute de um bem-estar mínimo, espacial, em saúde e serviços correspondentes, assim como na educação e no acesso escolar, em segurança pública e seus derivados, em transporte e oportunidades de entretenimento, esporte e associação, assim como de habitação e de outros espaços públicos e culturais para a formação e para a sadia distração dos cidadãos. As definições com relação às idades, o que significa ser criança, jovem, adulto ou da terceira idade, ficariam dentro dessa categoria da cidadania social, assim como as definições sobre liberdade sexual e suas conotações para o reconhecimento de todos dentro de uma sociedade (Knight e Harnish, 2006).

Cidadania cultural

O conceito de cidadania cultural foi trabalhado por Renato Rosaldo (1999), embora já tivesse sido cunhado anteriormente pela Unesco. Um argumento central nesta perspectiva é que a cidadania, em geral, ficara debatida mais no abstrato e no formal, mas que, na realidade, não se cumprem seus preceitos. Para esse autor, a cidadania cultural expressa-se em duas direções. De um lado, a cidadania, além de especificar a interação entre cidadão e Estado, enfatiza a interação entre os próprios cidadãos. Por outro, faz-se necessário assumir, de maneira explícita, as diferenças e desigualdades dos grupos subordinados e suas legítimas aspirações como cidadãos plenos (Padilla, 2009b).

Com base no que se disse anteriormente, a noção de cidadania cultural problematiza a neutralidade do conceito de cidadania como tal, pelo menos em sua universalidade. Quem pertence? E o que significa a pertença na prática? São as perguntas-chave dessa perspectiva de cidadania crítica. Assim, um aspecto relevante dessa perspectiva cultural é no que diz respeito aos migrantes e às diferentes culturas e seus contatos e intercâmbios, isto é, a interculturalidade. A nacionalidade de origem, a raça e o gênero, com suas respectivas identidades e pesos específicos nesses intercâmbios, adquirem uma importância central para uma cidadania cultural que reconheça plenos direitos a todos, sem levar em conta nação de origem, cor, gênero, preferência sexual ou idade, e sem considerar credo, valores ou expectativas, o que se avalia não de maneira abstrata, mas em cada contexto sócio-histórico e geopolítico.

Os componentes que estão em jogo nas diferentes perspectivas de cidadania são essencialmente os seguintes: o reconhecimento de que há direitos e obrigações para os sujeitos, sejam estes entendidos de maneira individual ou como membros de uma coletividade; e também o reconhecimento de que existe uma descentralização das cidadanias nacionais ou específicas em favor de cidadanias globais, possíveis somente pela midiatização e informatização das sociedades contemporâneas (Ramírez, 2007).

Rumo a uma cidadania comunicativa

Uma cidadania deste tipo deve partir de duas perguntas. De um lado, a questão sobre o que um cidadão deve aprender ante as telas e, por outro, sobre como facilitar-lhe esse aprendizado a partir de uma intencionalidade educativa contemporânea. Trata-se de duas perguntas que não são novas, visto que estiveram presentes nas últimas décadas em muitas propostas educativas em relação aos meios ou à recepção, e geraram certo debate (Hoechsmann e Brownen, 2008). Aqui se esboçam algumas linhas mestras, prosseguindo e reformulando a proposta original de Jesús Martín-Barbero sobre mediações (1997). Estas se baseiam nas

Uma cidadania comunicativa como horizonte pedagógico para a educação das audiências • **99**

principais dimensões da interação múltipla com as telas: a institucionalidade, a midiacidade e a interatividade.

Uma primeira linha de trabalho parte do reconhecimento de que qualquer tela é também uma instituição, pública, privada ou mista, inserida na realidade, com características e fins particulares. Essa institucionalidade, pois, é um primeiro objeto de atenção na educação comunicativa cidadã. Os cidadãos, de fato, "lidamos" com a institucionalidade diariamente em nossas interações com as telas e é preciso reconhecer que tipo de mundivisões está nelas, entre outros fins, para assim saber o que pode provir delas, com qual direcionamento, a partir de quais motivos.

Os direitos do consumidor, elaborados para mercadorias tangíveis, materiais, aplicar-se-iam ao consumo não necessariamente tangível, mas simbólico, midiático e informático também. O respeito às audiências-usuários é uma responsabilidade das telas e se exige explicitar e completar a elaboração já iniciada em muitos países, como Espanha e Austrália, de todos os pontos-chave a esse respeito. A partir da fixação de uma norma para o tempo de publicidade permitido por hora nos diversos horários de transmissão, até critérios de veracidade e de objetividade na informação noticiosa.

Quem fixa a agenda do que é importante saber "para tomar de pulso" o país e o mundo? Como se representam os cidadãos em seus diferentes cenários? Quem está presente nos relatos audiovisuais cotidianos e quem foi excluído? Seriam apenas algumas perguntas para orientar uma discussão sobre essa dimensão da cidadania comunicativa.

Uma segunda linha de reflexão e de trabalho é a que aqui se propõe como "midiacidade", que é um termo que engloba tudo o que tem a ver com o próprio meio ou com o suporte tecnológico como tal e com as possibilidades de expressão. A dimensão estética e, evidentemente, a tecnológica, em si, estariam compreendidas nessa midiacidade. O característico, o próprio e o intrínseco de cada meio ou tecnologia, juntamente com o comunicacional, ou seja, a linguagem, os formatos e os gêneros programáticos, constituem também essa midiacidade.

A partir de certas possibilidades e condições, cada midiacidade tem suas limitações também. Dentro delas, cada variante supõe, por sua vez, as suas próprias. Por exemplo, o gênero noticioso tem critério e normas para sua codificação. Variam segundo o meio ou o suporte tecnológico de que se trate. O noticiável se define em grande parte em função da midiacidade, não somente do intrínseco à notícia, já que, no caso das telas, o que não tem imagens perde noticiabilidade, mesmo que o fato ou acontecimento de que se trate seja muito importante.

De igual modo, os efeitos especiais, de câmara, de cenários, vestuários, cores e de ênfase, ou de desenhos de plataforma ou de sítios de internet, uns mais atraentes ou claros do que outros, ou de alcance de um dispositivo móvel ou a resolução de sua imagem, da capacidade de armazenamento, de fidelidade na transmissão etc., tudo influencia na construção das representações midiáticas que finalmente chegam ao cidadão nas telas. Por essa razão são tão necessárias as alfabetizações múltiplas.

Essas alfabetizações constituem justamente a terceira parte das linhas de reflexão e de elaboração, e têm a ver com a linguagem própria de cada tela, mas não somente como código linguístico abstrato, mas como expressão situada e distinta de cidadãos também situados. Têm a ver, finalmente, com as diversas opções de interação e interatividade entre cidadãos e telas, e entre cidadãos a partir das telas.

Se o que distingue a interatividade contemporânea de outros tipos de interação é a possibilidade de interagir com as telas e com os outros, para além da mera dimensão interpretativa, o "educar o olhar" é apenas um primeiro passo; o segundo seria educar e desenvolver a capacidade para a produção. Isso porque o típico "receptor" literalmente se torna "emissor" também de novos produtos audiovisuais, em uma espiral criativa em que as experiências com seus intercâmbios anteriores são sua principal referência de aprendizagem.

Apesar do que foi dito acima, essa interatividade não acontece automaticamente. É preciso prepará-la a partir do cidadão-audiência, e se torna fundamental superar o passo óbvio da acessibilidade à tecnologia e às telas. Acessibilidade que não é somente ao instrumento, mas a uma cultura de intercâmbio e de produção que tem como objeto telas e possui muitos códigos e conhecimentos que se vão desenvolvendo, mas também descobrindo com o uso, o que implica tempo e estratégias.

Um cidadão não se torna interativo da noite para o dia. Deverá passar por um processo de tentativa e erro, e de transformação cultural importante. O que está em jogo, é preciso ressaltar, não é somente o domínio prático de um novo instrumento, mas o situar-se ativa e criticamente em uma epistemologia distinta e em uma estratégia cognitiva do intercâmbio, da ação criativa e não somente da memorização e repetição, em que o experimentar e o arriscar vão permitindo o conhecer e o produzir, e finalmente o aprender.

Como ser emissor de mensagens próprias? Que condições se devem seguir e respeitar para criar? Para emitir e transmitir, que condições se devem considerar para não falsear a realidade? São apenas umas primeiras perguntas que apontam para mudanças problemáticas em gestão, perante uma cultura de direitos e de responsabilidades dos novos cidadãos midiáticos, comunicativos.

A convergência atual que permite um intercâmbio insólito entre telas traz, ao mesmo tempo, novos desafios para a comunicação e para a cidadania, na medida em que se sobrepõem novas condições na produção e na transmissão da informação. A autoria de certos produtos audiovisuais se intercambia e transforma pelos usuários, dilui-se, de um lado ou de outro; as novas produções facilmente desconhecem, porque não é evidente, a origem de muitos produtos midiáticos-informáticos. Onde fica a propriedade intelectual ou a artística, ou a científico-tecnológica em produtos-mercadorias que parecem não ter quem se responsabilize por eles, mesmo que, talvez, haja quem os aproveite e mercantilize?

Uma cidadania comunicativa, pois, deve pressupor as considerações imprescindíveis para realizar ética e democraticamente uma crescente "convergência interativa" de cidadãos com telas, e de cidadãos entre si, a propósito das telas.

Capítulo 7

Construção e fixação na programação de ficção: novos âmbitos dos direitos comunicativos[*]

A "audienciação" como condição do intercâmbio social e dos direitos à comunicação

A discussão sobre direitos da comunicação concentrou-se principalmente nos direitos à expressão e à visibilidade na programação noticiosa, razão por que a ficção, como âmbito de direitos de recepção, ficou abandonada pelas tentativas de regulamentar direitos e obrigações dos emissores.

O resultado é um desamparo maior das audiências, visto que ninguém está conseguindo forjar uma regulamentação correspondente de pelos menos dois novos direitos: 1) manter formatos midiáticos livres de propaganda e publicidade integradas e 2) ser "advertidos dos enquadramentos" em gêneros e formatos programáticos tradicionalmente de entretenimento, não informativos. Iniciar uma discussão desse fenômeno e de suas consequências para a cidadania e para a comunicação é o objetivo das páginas que se seguem.

Partamos de uma constatação: o ser e o estar como audiências múltiplas nos diversos cenários presenciais e virtuais é a característica mais distintiva dos cidadãos hoje em dia. Cada vez mais e de maneira mais intensa, não isenta de conflitos e de contradições, todas as interações sociais se realizam midiatizadas por dispositivos tecnológicos e seus canais, gêneros, formatos e códigos correspondentes. Longe de desaparecer, os antigos meios ou meios de massa continuam a existir, readaptando-se e transformando-se de acordo com as novas circunstâncias do ecossistema comunicacional contemporâneo (Carlón e Scolari, 2009).

---

[*] Uma primeira versão deste texto foi publicada como capítulo do livro: *Diversidad y calidad para los medios de comunicación*, coordenado editorialmente por Trejo, Raúl e Vega, Aimée, pela AMEDI (Associación Mexicana de Derecho a la Información), México, 2011.

Situadas ao lado da recepção, nós, enquanto audiências, interagimos com o polo da emissão e seus produtos, e, algumas vezes, situamo-nos também como interlocutores na relação com todos os demais. "A vida moderna é uma experiência midiática" (Press e Williams, 2010).

Na condição de audiências, estamos imersos no que Castells (2009) chamou "autocomunicação massiva", na qual, a partir de diversas posições individuais, coletivas e/ou massivas, vivemos o dia a dia, intercambiando dados, emoções e sensações, conectando-nos analógica ou digitalmente, produzindo informação oral, escrita, audiovisual e conferindo sentido ao fluxo informacional que nos chega e nos envolve sensorial, emotiva, cognitiva e corporalmente.

Nossa imersão permanente como audiências passivas, ativas ou hiperativas – assumimos todos esses papéis – em um ambiente midiatizado necessariamente deixa marcas. A informação dessa "torrente midiática" (Gitlin, 2004) não é inócua, nem transparente, e somente raras vezes busca oferecer um serviço aos telespectadores ou os assume e respeita como verdadeiros interlocutores. Essa torrente informativa provém, em sua grande maioria, daqueles que detêm o poder político, econômico e midiático, e têm, portanto, o acesso para colocar nas telas, grandes e pequenas, publicidade e propaganda juntamente com a programação (Franco, 2010).

A oferta midiática no México, assim como em muitos outros países, em sua maioria obedece à classificação e se desdobra em um cenário altamente mercantil e politizado de maneira particular. Implica interesses e intenções, que nem sempre respeitam os mais básicos direitos das audiências. Tudo isso marca e *enquadra* as percepções das audiências de maneiras particulares, nem sempre favoráveis.

A oferta midiática convoca, interpela, provoca e busca impactar suas audiências como consumidores, como receptores cujas "cabeças" engrossam as listas de classificação, convertendo o que é assistido em uma mercadoria que, por seu turno, confere mais-valia aos donos dos meios para a venda de espaços de tela aos anunciantes. É sempre a partir de ofertas que nós, as audiências, decidimos com quais temos de interagir e a partir das quais reagimos, negociamos, propomos, problematizamos ou resistimos, e acabamos incorporando ou rejeitando os objetos de intercâmbio (Orozco, 2011).

Como audiências, como cidadãos comunicantes, estamos mais do que nunca expostos a múltiplos desafios e determinações, tanto como a opções e gratificações (Orozco, 2011). Da forma pela qual interagimos, vão-se armando nossas identidades e delas surgirão formas de cidadania e de governo (Frau-Megs, 2011). Da qualidade dos produtos audiovisuais e do *respeito* pelas audiências e seus direitos à comunicação que pressuponha qualquer produção midiática (com a que interagimos), dependerá o desafio, negligência ou violação que se realize e o "desamparo" em que fiquemos, como indica Dorcé (2011), por não contar com as ferramentas adequadas para responder e regulamentar aquelas situações que nos ferem como audiências e cidadãos.

Da "fixação" à "construção" da agenda na programação televisiva

Há várias décadas, na pesquisa sobre meios de comunicação de massa, tem-se desenvolvido e se tem experimentado o modelo da *Agenda Setting* ou *Fixação da Agenda*, proposto pelo americano McCombs (1972), dentro da perspectiva maior dos *Efeitos dos Meios de Comunicação*. Esse modelo conceitua a maneira por que os programas informativos, os noticiosos, selecionam exclusivamente os acontecimentos que consideram importantes e os convertem nas notícias mais relevantes, hierarquizando sua importância ante as audiências.

Supõe-se que, em uma democracia, há um jogo de forças de cuja resolução se derivam as agendas midiáticas consideradas importantes para toda a cidadania, ou várias agendas simultaneamente. Em sociedades com uma precária democratização, como no caso do México, há poderes dominantes que definem mais ou menos verticalmente o que é importante, ou seja, a agenda para um país, como comprovada e reiteradamente tem sido o caso mexicano com a Televisa (Trejo, 2009).

Com os anos, esse modelo da *Fixação da Agenda* foi indicando e incorporando não somente o que se propõe nos meios massivos como o prioritário a ser considerado cotidianamente por parte das audiências, mas também os *modos* de "como pensar" sobre aquilo, ou seja, os *marcos* que dão sentido à agenda (McCombs e Reynolds, 1994). Desse modo, a agenda usual, fixada por um meio como a televisão, através de seus programas de notícias, incorpora junto ao que é prioritário o modo como *pensá-lo*, assumi-lo ou dele se apropriar.

De uma análise de agenda obtém-se a informação de como se vão tratando de influenciar a opinião pública em momento e lugar determinados (McLeod et al., 1994). Não se considera que essa tentativa se

106 • Educomunicação

concretize automaticamente, nem se espera que se consiga de maneira direta e imediata. Embora a exposição a uma agenda concreta e a seus modos particulares de ser levada em conta, pensada ou interpretada pelas audiências seja, em si, um determinante central em sua aceitação, não há garantia de que sempre se aceite, nem que se aceite exatamente como se emite. Contudo, tampouco há garantia de que se crie uma posição ou perspectiva crítica ou contrária à que encerra ou emoldura determinada nota informativa.

Deve-se lembrar que, como audiências, todos os cidadãos gozamos de *relativa autonomia*, produto de múltiplas mediações (Orozco, 2001), critérios e experiências próprias e que, ante a determinadas notícias prioritárias e seus modos de conferir sentido propostos pela televisão comercial, ou por qualquer outro meio, essas mediações nos permitem negociar e criticar eventualmente, sem que se realize plenamente o efeito buscado por aqueles que definem e difundem a agenda.

Apesar disso, a reiteração de uma mesma agenda, no médio e no longo prazo, tem maior probabilidade de lograr seus objetivos em suas audiências. Justamente "a perspectiva do cultivo" (*Cultivation Hipotesis*), proposta pelo colega George Gerbner (et al., 1994), permite entender que os efeitos de qualquer produto audiovisual, midiático, não necessariamente são imediatos, nem são produto de uma aceitação conformista por parte das audiências, mas que se manifestam em médio e longo prazo, como produto da assiduidade ou da exposição repetida a determinado tipo de produto, neste caso, a um mesmo tipo de agenda e sua orientação para ser recepcionada. Os telespectadores assíduos, então, os *Heavy Viewers*,[1] seriam, segundo resultados de pesquisas sob essa perspectiva (Morgan e Shanahan, 1995), os mais propensos a aceitar as propostas dominantes vigentes de agenda em um momento determinado e seu *enquadramento* para a apropriação nos programas noticiosos de maior classificação.

Contudo, percebemos duas posições complementares nessa compreensão. De um lado, na *Agenda Setting* clássica, sua definição parte da seleção de um acontecimento – entre outros – ao qual se incorpora um ângulo de percepção para seu entendimento. Na "construção da agenda", ou *Agenda Building*, ao contrário, a construção precisamente da agenda parte de uma compreensão ou emolduração ao que se conecta

---

[1] A média diária de assistência à televisão no México é de 4 horas e 26 minutos. Apesar disso, a televisão no lar fica ocupada aproximadamente 9 horas e 23 minutos (IPOBE-AGB, 2010).

algum acontecimento, sem que haja uma relação direta, ou natural, ou real entre ambos (Sádaba, 2007). A partir daqui, reativa-se uma sequência onde cada novo acontecimento recebe um enquadramento conforme a agenda construída e, assim, ao mesmo tempo, esta se reforça e se atualiza para novos acontecimentos.

Nesse processo, a relação entre acontecimento e a maneira proposta pelos emissores para interpretá-lo é fabricada de maneira intencional. A interpretação deliberada em alguma direção domina o acontecimento interpretado, ou domina o tema sobre a notícia, e o que se constrói como agenda é precisamente essa interpretação, esse tema, esse "desde onde" apreciar uma série de acontecimentos passados, presentes e futuros.

Por exemplo, o apelo a uma "lei-mordaça" (tema ou marco de interpretação), por parte dos grandes consórcios de meios no México, cada vez que se tenta regulamentar (caso, acontecimento) seu funcionamento ou renovar a lei de meios, é uma construção de agenda, a qual é evocada a cada tentativa de modificação da lei a respeito, independentemente de se estar realmente atentando contra a liberdade de expressão aludida.

Essa construção da agenda é o que se percebe como um fenômeno crescente ante temas que buscam manter a hegemonia (ou uma visão hegemônica). Uma agenda que se construiu não diante de um acontecimento isolado, mas de uma série deles.

No México, percebe-se um fenômeno crescente de construção de agenda midiática com relação à "guerra" contra o crime organizado, a qual privilegiou a versão presidencial ante outras visões (Franco e Orozco, 2010).

A migração da agenda: do noticioso ao ficcional[2]

Tradicionalmente, a construção de agenda se difundiu através dos noticiários e dos programas de comentários. Assim se reconheceu no caso do recente "acordo para a transmissão da violência" que muitos representantes de meios de comunicação assinaram (Franco, 2011b). Um acordo desse tipo busca incidir de maneira explícita, aberta, no âmbito de formação da opinião pública que, em todo caso, se trataria de manipular em determinadas direções.

---

[2] Aqui se retomam alguns parágrafos do artigo "Viola-se o respeito às audiências", publicado na Revista *Zócalo*, n. 136, ano XI. Para maior referência, cf. Orozco, 2011c.

No entanto, embora se continue a usar e a abusar do microfone e da tela, a partir do formato televisivo da informação, está-se incluindo também a programação de ficção: telenovelas e séries, para inserir e naturalizar em suas tramas e narrativas uma agenda determinada.

Nos últimos cinco anos, paulatinamente, no México, têm-se usado as telenovelas para integrar nelas não somente publicidade comercial, mas, de maneira progressiva, propaganda política e legitimação da violência do Estado no país. Os exemplos multiplicam-se lamentavelmente e chegaram também ao formato de série. O último exemplo, e talvez um dos mais evidentes e eloquentes, foi a série *El Equipo*, que só foi exibida por Televisa durante quinze dias, gerando uma discussão sobre sua pertinência e distorções para mostrar a polícia mexicana (Franco, 2011).

Todavia, podem-se enumerar outros casos paradigmáticos dessa construção de agenda na ficção: em 2006, no período de eleições presidenciais no México, quando a *Feia mais bela* (Televisa), de repente, pergunta a suas amigas: "Em quem vocês votarão?", e diz: "Eu, em Felipe Calderón"; ou em *Destilando amor* (Televisa, 2007), em cujos capítulos finais se justifica a pena de morte executada em uma prisão dos Estados Unidos, para onde é extraditado "o vilão da história" novelesca, a fim de ser executado em uma cadeira elétrica perante a resignação de uma mãe que diz: "ele merecia". Tudo isso no contexto onde o Partido Verde Ecologista do México (PVEM) propunha a pena de morte para os sequestradores e assassinos. Ou na telenovela da TV Azteca: *Segredos da alma* (2009), onde se integra à trama a explicação com a "versão oficial", e com a ajuda de um computador (para dar-lhe mais objetividade?), do acidente do ex-secretário de Governo, Juan Camilo Mouriño, como um problema provocado pela "falta de perícia dos tripulantes do avião", buscando eliminar suspeitas sobre um atentado por parte de um grupo inimigo; ou na mais recente série comemorativa do bicentenário *Gritos de morte e de liberdade* (Televisa, 2010), onde põem na boca do libertador Hidalgo um comentário sobre a "inevitável perda de vidas inocentes na busca de independência do México", justamente quando se intensificavam as críticas à política presidencial de guerra contra o crime organizado; ou, por fim, na série já mencionada *El Equipo* (Televisa, 2011), que, entre outras coisas, mostra "o lado humano e profissional dos agentes" a serviço dessa estratégia presidencial de guerra, justamente em um contexto nacional onde se questionou duramente a ineficiência e a falta de ética dos agentes armados a serviço do Estado.

Com estes exemplos, vê-se como os produtores televisivos estão apostando na ficção e não somente na informação, na difusão de uma agenda ante as audiências. Seria a isso que se referiam alguns funcionários da Televisa quando, em 2007, falavam da "nova telenovela com mensagem?" (Solares, 2007).

A vulnerabilidade da audiência ante o "enquadramento" inadvertido nas telenovelas

Construir agenda ou enquadrar situações em uma perspectiva particular é uma ferramenta utilizada na produção de material audiovisual. Contudo, integrar o enquadramento em uma trama como parte "natural" desta, apagando os vestígios de sua construção, supõe a intenção astuta de "naturalização" daquilo que se demarca. Busca-se, com isso, fazer com que o demarcado não seja perceptível como tal, ou seja, como construção deliberada, como uma representação, mas que pareça natural, como mero reflexo da realidade, sem mediações construtivas humanas ou técnicas. Isso se consegue com uma programação de ficção e, em geral, de entretenimento, não com uma noticiosa, visto que na ficção se mostra a inserção integrada como uma "encarnação necessária" e lógica na mesma narrativa. Uma integração que simplesmente denota, que supostamente não conota um comportamento, uma atitude, uma opinião, um sentimento. Uma integração, além do mais, "colocada em ação" pelos personagens da trama, que envolve não somente a dimensão cognitiva, como o faria em primeira instância uma notícia em um programa informativo, mas a dimensão emocional e sensorial das audiências.

A passagem posterior para a dimensão cognitiva do que emociona ou se sente nem sempre se realiza, pelo menos não de maneira consciente. Contudo, sua percepção fica na memória afetiva devido a que os neurônios cerebrais se reacomodam com as impressões sensoriais, segundo reporta Castells (2009), a partir dos avanços das neurociências.

O potencial de impacto ideológico ou axiológico de qualquer programação de entretenimento é maior devido ao tipo de vinculação despreocupada que esse tipo de produto estabelece com suas audiências (Zillmann e Bryant, 1994).

Dessa maneira, então, o potencial de apropriação inadvertida que implica um enquadramento naturalizado em telenovelas ou em séries é maior do que o que supõe uma notícia. Com as emoções em jogo, produto da assistência de uma telenovela, as audiências estão em uma situação de maior vulnerabilidade para aceitar o que se lhes ofereça na tela, sem questionar ou nem sequer pensar no assunto, muito menos em suas consequências.

Independentemente da necessidade de fazer muita pesquisa empírica de recepção com diversos setores de audiências para comprovar mais detalhadamente a apropriação maior dos produtos com agenda política integrada, não perceptível à primeira vista, é importante destacar que o que está nas entrelinhas, aqui, é um âmbito novo de direitos à comunicação: os direitos à recepção.

A seguir, assinalamos alguns dos pontos a serem discutidos com maior amplitude e profundidade em debates posteriores sobre a gama de novos direitos à comunicação.

Dos direitos comunicativos expressivos aos direitos receptivos: o novo desafio

Partimos da convicção sobre a urgência de regulamentar, como direito à recepção das audiências, primeiramente *a proibição explícita sobre a construção de agenda política integrada nas telenovelas e séries,* e a consequente definição de sanções para os responsáveis por aquela programação de ficção, como o da ficção ou o do entretenimento infantil, livres de publicidade e de propaganda integrada.

Sabemos que um direito assim esbarrará em uma discussão legítima sobre o direito anterior à livre expressão. Aqui é onde antecipamos o maior conflito, posto não ser o único, visto que pareceria que aceitar o direito a ser advertidos sobre mensagens acrescentadas propositadamente a um conteúdo programático, ou declarar formatos e gêneros livres de "agendas construídas", limita essa suposta liberdade de expressão.

Pensamos que não é assim, visto que a liberdade de expressão precisa ter determinados limites, não só em função daquele que a exerce, mas daqueles perante os quais se exerce. Essa direção avançou com propostas em alguns países como a Espanha, para limitar certos tipos de expressões em determinados horários de transmissão. Por exemplo, nos horários vespertinos com maior audiência infantil e juvenil, regulamentou-se que não se ofereça nas telas de TV publicidade sobre determinados artigos, especialmente álcool e fumo, que não se use linguagem inapropriada e que não se programe material pornográfico. Levando-se em conta que são as crianças e os jovens as audiências majoritárias de certas faixas de horário. Portanto, foi em consideração a eles que se conseguiu combinar um limite ao direito de liberdade de expressão.

Como se pode perceber, não é uma limitação direta à liberdade de expressão, mas aos momentos em que é exercida. Isso se baseia no que acontece na realidade, de que, por "respeito aos outros", em geral menores de idade, um adulto guarda para si ou para outros momentos, com outros interlocutores, determinados tipos de expressão e de informação.

O que se buscaria com a limitação de agenda política na ficção não seria tanto restringir *per se* sua construção, mas normatizá-la, para que não se realize de maneira inadvertida, ficando naturalizada nas tramas e pegando suas audiências de surpresa, em momentos de alta vulnerabilidade.

A regulamentação que vemos apropriada seria não nos tempos, como no exemplo espanhol, mas em determinados formatos e gêneros programáticos específicos. Estes implicam códigos, regras e hábitos, criam rotinas nas audiências. São reconhecidos por esses elementos. As audiências se vinculam a partir deles, reconhecem-nos e não estão esperando modificações a partir de agendas com interesses estranhos.

O motivo "por respeito" às audiências seria o fio condutor de um novo campo de direitos à recepção, que não apenas tem a ver com os meios massivos, mas também com ser considerado e observado com as audiências de outras telas e com todos os participantes em redes sociais. Como sugere Frau-Megs (2011), estamos em um momento conjuntural e, como em toda conjuntura, há riscos e áreas de oportunidade, e são estas que se devem assumir a partir de uma perspectiva de direitos humanos em todo o meio comunicativo.

Por enquanto, a proposta anterior poderia conectar-se com outras "faltas de respeito" às audiências televisivas, quando não se cumprem os horários estabelecidos na programação, quando tampouco se mantém a quantidade porcentual de tempo que pode ser dedicada à publicidade por hora de programa, quando não se regulamenta a publicidade integrada, que aparece nas cenas ou servindo de cenários para as narrativas de várias telenovelas, como *Até que o dinheiro nos separe* (Televisa, 2010) ou *Uma família com sorte* (Televisa, 2011), onde as marcas Ford e Avon, respectivamente, são "superpersonagens" desses melodramas, servindo de cenários e de motivo para seu desenvolvimento e para as interações de suas personagens.

Enquanto no México se faz um acordo incompleto e polêmico quanto à cobertura da violência nos noticiários, ou seja, na fixação de uma agenda, deixa-se fora de toda consideração a construção de agenda, inclusive sobre violência, nos demais gêneros programáticos e, de modo especial, no da ficção (Orozco et al., 2011). Da mesma maneira em que se regula hoje, no México, a difusão de propagandas políticas por parte dos partidos em disputa em tempos eleitorais, não há nenhuma consideração para regulamentar e limitar a propaganda política em outros formatos e gêneros que não sejam os produtos propagandísticos explícitos.

O *lema do respeito*, incrustado em uma perspectiva de Desenvolvimento Humano, como enfatiza Vega (2011), supõe um potencial para ser usado em benefício desse novo campo que se abre sobre direitos à recepção de todos na medida em que somos audiências múltiplas ante os novos e velhos dispositivos de comunicação.

Capítulo 8

A participação das audiências em suas interações com as telas: uma proposta de educomunicação[*]

Rumo à participação das audiências

Depois de apressado mas generalizado otimismo com as possibilidades do mundo digital, as quais permitem que as audiências se sintam usuários e se situem já não somente como receptoras, mas como emissoras e produtoras nos intercâmbios comunicativos, é necessário fazer uma pausa e reconsiderar a dimensão e o calibre das transformações que se experimentam.

O "estar sendo" audiências de outras maneiras, empregando novas habilidades e competências digitais e tendo diversos dispositivos para a comunicação, não é algo que resulta automática ou necessariamente da efervescente interatividade e convergências entre telas. Tampouco é algo que simplesmente se alcança e permanece para sempre. A dimensão da mera interatividade é diferente da do intercâmbio complexo e essencialmente cultural que se realiza para além do instrumental, e supõe aprendizagens e treinamentos, também interferências e vontades explícitas dos próprios sujeitos que interagem, nesse caso, das próprias audiências (Orozco, 2011).

Explorar alguns indicadores tanto das mudanças significativas do estar como do ser audiências hoje em dia é, pois, o objeto destas páginas, assumindo que os desafios de significação e de sentido dos conteúdos e dos processos dos múltiplos intercâmbios implicam e redundam em modificações culturais substantivas.

---

[*] Uma versão anterior deste texto encontra-se em processo de publicação como capítulo de um livro coordenado por Roberto Aparici, na coleção Gedisa: "Comunicación Educativa".

Transformações da interatividade com as telas e com a informação

É evidente que o estar como audiência ampliou-se espacialmente, devido, sobretudo, à mobilidade, portabilidade e individualidade das telas mais novas, como a do celular e a do Ipod, e ainda dos computadores portáteis (*laptops*), através das quais se estabelecem convergências múltiplas. Já não há necessidade de estar sob um teto nem em algum lugar particular para ver televisão, vídeos ou filmes, ou escutar rádio. E, evidentemente, tampouco isso é condição para se jogar videogame ou para se usar o telefone, baixar música ou enviar mensagens, ou papear. Assistimos à crescente ubiquidade das audiências. Essa ubiquidade que alguns autores trataram exaustivamente, vai mais além. Pressupõe e desencadeia maneiras diversas de interagir com a informação, dependendo dos cenários por onde transcorre. Não significa apenas que se veja a mesma coisa a partir de outros espaços, mas também que esses espaços são mediadores do que se vê e do como se vê. Por isso, em comunicação, temos caracterizado o espaço como cenário onde entram em cena mediações em relação ao objeto ou ao conteúdo delas.

De igual modo, a diversificação e o uso crescente e simultâneo de várias linguagens e formatos na intercomunicação possibilita construir e enviar discursos multilinguísticos, os mesmos que se transmitem por distintos canais ou dispositivos. Tudo isso dá ensejo a pensar em processos comunicativos muito convergentes, a partir do próprio conteúdo e cada vez com maior potencial para estimular e envolver a participação e a criatividade das audiências. A múltipla convergência de muitas das interações contemporâneas entre audiências e dispositivos tecnológicos envolve mudanças nas gramáticas tradicionais das linguagens que ela combina, fenômeno que os pesquisadores reconhecem constantemente, e cuja nova essência ou hibridez não é entendida totalmente.

Contudo, vai-se tornando também cada vez mais evidente, a partir de estudos internacionais e de outros em diversos países, como o Pew Internet and American Life (2005), ou o de Fundación Telefónica y Ariel (2008), ou o "Manifesto for Media Education" (2011), que nem tudo o que está em jogo é participação, mas reação, "conectividade", nem mesmo quando tal participação é essencial; isso é algo generalizado como tendência, já que somente porcentagens menores dos "conectados" são os que realmente participam. Esses resultados e outros, como o de OBITEL-México (2011) – que mostra que dos quase quatrocentos mil visitantes de um sítio de internet, que trocavam opiniões sobre o capítulo de uma telenovela que acabara de ser transmitido na televisão aberta, somente cento e setenta e sete emitiram alguma opinião –, permitem questionar o tipo de interação que aí acontece, tornando difícil crer na existência de uma cultura participativa, entendida como aquela resultante de processos e de produtos criativos, novidadeiros, desafiantes, feitos e enviados horizontalmente pelos envolvidos nas sociedades-redes.

O ponto-chave para entender quando há ou não uma participação seria: além de somar canais e linguagens, e de usar novas tecnologias de maneira instrumental, há uma mudança substantiva no ser das audiências? Até quando no contínuo ou na cadeia de mudanças nas interações entre audiências e telas se consegue transcender a mera dimensão tecnológica ou de estrito domínio técnico e se entra em um intercâmbio que, embora o suponha, se dirige aos significados e sentidos da informação, objeto das interações? Ampliar o controle do intercâmbio com as telas, personalizando-o, individualizando-o, adiando seu consumo, supõe que esse intercâmbio envolva um novo tipo de participação das audiências?

Caso se pense que "o todo não é igual à soma de suas partes", então, na medida em que o uso das novas telas ultrapassa a mera soma de possibilidades (reagir, baixar material, enviar materiais a outros), fazê-lo simultaneamente com outras atividades como escutar música, papear ou jogar videogame, sendo apenas parte de uma soma, não representaria em sentido estrito um modo distinto de participar. Em todo caso, esse tipo de interação ampliada e diversa deveria entender-se como preâmbulo ou pré-requisito de uma participação distinta. Participação que tem de ser buscada e conseguida a partir de diversas estratégias políticas e culturais, sobretudo, educativas. Não bastaria com simples intervenções pedagógico-didáticas isoladas. A falta de participação não é somente falta de costume. É resultado de uma maneira histórica de ser e de estar das audiências. Uma forma de reagir que se costumou implementar na relação com os meios massivos de comunicação que têm sido bastante unidirecionais, e não apenas deixaram de convocar essa participação, mas a inibiram e impediram através de diversos subterfúgios midiáticos.

Em países como México e em muitos outros da América Latina, a participação aberta e visível tem sido bastante reprimida, não somente como audiências, mas também como cidadãos.

Por outro lado, como afirma Jensen (2005), a interatividade é a dimensão na qual se modifica o estar como audiência, já que justamente a audiência na interatividade se reconverte em usuário. Contudo, ser usuário, é preciso insistir, implica uma diferença qualitativa em relação ao ser apenas audiência. Ser usuário supõe a interferência da audiência. E interferência, como a pensou Giddens (1996), pressupõe reflexão, não apenas ação ou reação. É justamente essa dimensão de elaboração cognitiva consciente e de decisão que a distingue da mera reação a um estímulo ou de qualquer modificação apenas comportamental ou unicamente sensorial.

Embora seja assim, isso não elimina a possibilidade de que, em outros momentos ou contextos diferentes, as audiências não se comportem como usuários. Ou seja, que não exerçam sua reflexão e ação coordenadas para chegar a um fim a partir dos meios, através da transformação real, material e significativa do referente audiovisual.

Rumo a uma nova participação das audiências

A participação e seus modos (tipos, níveis, estilos) dentro da interatividade é precisamente a condição *sine qua non* que define um novo ser das audiências no ecossistema comunicacional contemporâneo (Jenkins, 2009). E são exatamente seus desafios que importa enfrentar com estratégias de educomunicação (Pérez, 2010).

A partir de uma revisão de várias propostas, elabora-se, em seguida, uma própria, com o objetivo de contribuir para tornar realidade essa desejada cultura da participação com base e a partir das telas. Conforme mencionado rapidamente no Capítulo 5 e agora aprofundado, essa proposta comporta várias etapas.

Primeira etapa: *acesso à informação*. Isso supõe buscar e encontrar o desejado. É preciso desenvolver as competências para um manuseio adequado de palavras-chave, combinações bem-sucedidas e circulação fluida entre diferentes sítios. Manejo apropriado de programas e determinadas regras de navegação, além do desenvolvimento de habilidades para baixar e incluir informação em diferentes formatos e linguagens, orais, escritos, sonoros, audiovisuais. Conhecimento mínimo sobre sítios e portais, por exemplo, *Google, Facebook, Twitter, YouTube, Windows Live* etc. Familiarização com programas para escanear e com as diversas opções para além do uso estritamente individual de cada tela. Em certo sentido, esta etapa tem a ver com poder deslocar-se comodamente nas convergências e nas interfaces e plataformas, e fazer usufruto de suas possibilidades para obter informação.

Segunda etapa: *gestão da informação.* O que supõe conservar, classificar, relacionar e recuperar informação. Não se trata apenas de atividades mecânicas que podem resultar de tentativa e erro, ou de consultas com audiências-usuários mais experimentadas. Fazer folhetos implica decisão organizacional, não somente técnica. Essa atividade é classificatória, pela qual se somam, subtraem, dividem ou multiplicam "eventos" ou objetos de qualquer tipo, por onde começa a ciência a ser a base da sistematização e o rigor na observação do mundo circundante. Conservar informação, por sua vez, supõe experiência e presume decisões que ultrapassam o meramente instrumental. São decisões funcionais para a construção de conhecimento. Dá-se o mesmo com as estratégias de recuperação e transformação técnica da própria informação. Da conservação de informação depende o tipo de rastros históricos que vão ficando para a memória individual, coletiva e geral.

Terceira etapa: *integrar informação.* O que significa manipular e transformar a informação em novos compostos, que podem combinar imagem, áudio, escrita, segundo os objetivos buscados. Recompor e compor, desconstruir e criar informação são habilidades que é preciso exercitar e, talvez, ensinar, visto que não se desenvolvem automaticamente. Fazer resumos, mapas conceituais e demais formas sintético-classificatórias se incluem também nesta etapa. Aqui começam atividades de desenho que transcendem o meramente instrumental e supõem experimentação com diferentes formatos visuais, audiovisuais, fundos e contrastes, combinações multilinguísticas e de várias origens. O domínio para compor um *power point* faria parte dos saberes desta etapa, não somente em sua parte mais técnica, mas também naquela mais complexa de tomar decisões sobre o que e como ordenar uma informação para ser comunicada a outros, a poucos ou a muitos, em uma situação de exposição e de difusão explícitas.

Quarta etapa: *avaliar informação.* O que implica verificar e avaliar a legitimidade e a certeza da origem e da composição mesma da informação, assim como sua qualidade. Esta etapa e as destrezas e capacidades que se incluem de avaliação e de análise apontam, sobretudo, para essa dimensão de "transparência" enfatizada por Jenkins (2009) como uma das três dimensões substantivas a serem desenvolvidas através de esforços explícitos de educação midiática ou educomunicação. Paradoxalmente, a abundante tecnologia ao alcance torna cada vez mais improvável conhecer as fontes ou as intenções de cada informação e dos informantes. Em um ambiente crescente de participação, todos os usuários podem desempenhar diferentes papéis e usar diversas identidades. Ao mesmo tempo todos podem intercambiar posições e ser autores e emissores ao mesmo tempo que receptores. A possibilidade de recompor informação facilita a que se dilua ou se perca a origem da informação ou suas intenções. Por outro lado, a participação ao redor das telas se dá dentro de um sistema mercantil que busca reorientar as informações para a obtenção de ganhos a partir dele. Mais do que nunca, hoje é preciso desenvolver critérios para saber a procedência e inferir as intenções e travas da informação circulante.

Quinta etapa: *criação de informação*. Isso implica a desconstrução de informação obtida e a criação propriamente dita de nova informação e seu envio e recepção multimodal e transmidial. Esta seria a meta da nova cultura de participação. Possível, porém difícil de alcançar por diversos motivos. Primeiro, porque foram muitos anos, meio século pelo menos, de acomodação a uma emissão de informação unilateral, autoritária, na maioria das vezes, sem possibilidade de réplica ou de simples comentário, o que colaborou para submergir as audiências em conformismos e passividades, e se reforçou também midiaticamente uma cultura não participativa das audiências tradicionais ante as telas clássicas da segunda metade do século XX. Os indicadores a respeito não deixam muita dúvida (Orozco et al., 2010; Fundación Telefónica e Ariel, 2008), já que de todos os jovens latino-americanos que usam sistematicamente internet ou telas onde se tem interatividade, somente porcentagens menores a 20% são realmente criativos em suas interações, entendendo, por isso, que enviam peças de informação multimodal, criada ou recriada por eles, ou são desenhistas e construtores de seus próprios sítios. Muito da efervescência entre usuários e telas, mais do que supor uma participação criativa horizontal, constitui somente um consumo amplificado sob o controle temporal dos usuários.

O estímulo à "transmidialidade" e à "transmidiação" audiovisuais

A partir do cenário incompleto, contraditório, desafiador em que se dão os intercâmbios entre audiências e telas, e vai florescendo uma nova cultura participativa, a transmidialidade é especialmente recomendável. Para tal, é preciso entender que um produto midiático, uma telenovela, por exemplo, produzida inicialmente para ser transmitida na tela televisiva, passa para outras telas e plataformas, como a do telefone celular ou *YouTube*", de onde é percebida, desfrutada e consumida por usuários do ecossistema comunicacional.

Por sua vez a transmidiação, conhecida como *transmedia storytelling*, é a nova tendência, que inclui uma série de grupos de "fãs", sobretudo da ficção televisiva, que, interagindo com ela, buscam criar as próprias histórias e antecipar os desenlaces daquelas apresentadas na tela (Jenkins, 2008).

Em defesa de uma cultura participativa, ambos os fenômenos ou tendências devem facilitar-se e incentivar-se, incluindo o planejamento e o projeto de fóruns e de sítios para onde convirjam os conectados, especialmente os jovens, para comentar sobre o que veem ou escutam em outras telas. A escola, como grande local de convergência, poderia abrir canais de intercomunicação diretos com as audiências e sítios para a interação dos produtos, tanto aqueles "desconstruídos" pelos telespectadores quanto os construídos por eles, que queiram fazer circular nas telas.

Esse estímulo direto à participação através da abertura de sítios e de espaços propícios para convocá-la, no entanto, corre o risco de mercantilizar-se. O desafio maior para uma política cultural, além da própria abertura de sítios livres, é o de manter o acesso livre aos sítios existentes e, obviamente, garantir, até onde for possível, a gratuidade aos novos que se vão criando.

A atenção à inovação e à qualidade na produção midiática

A concorrência de ofertas de programas audiovisuais será cada dia maior. Essa é uma realidade crescente no ecossistema comunicativo mercantil em que estamos inseridos. No entanto, não se trata de competir no mesmo contexto. Além de não se descuidar da produção de qualidade nem de estéticas inovadoras, não se deve cercear a criatividade para conseguir produtos que convoquem audiências.

Os canais alternativos e os produtos midiáticos inovadores já não se definem por suas boas intenções, por sua raridade ou por sua importância genérica para a cultura e para a educação. Definem-se pela pertinência a um setor de audiência, pelo respeito a essa mesma audiência e pela "contribuição desafiadora".

Por contribuição desafiadora se deverá entender algo semelhante ao que conseguem os videojogos em relação a seus jogadores. Uma alta motivação baseada em um permanente desafio cognitivo e prático, que os mantêm horas emocionados ante a tela (Gee, 2007). Os videojogos pressupõem videojogadores inteligentes, não ignorantes. Pressupõem jogadores que se desafiem a si mesmos a atingir um nível subsequente de dificuldade no jogo. É totalmente o contrário do tipo de sujeito--audiência que pressupõem os meios e produtos midiáticos igualmente mercantis e culturalistas.

A maneira mercantil mais conhecida de conservar as audiências massivas ante a tela se faz com elementos espetaculares, questionavelmente inteligentes, que apelam para as sensações e emoções, não à inteligência.

A inovação, isto é, o criativo diferente nos produtos midiáticos, no ecossistema pós-comunicacional em que estamos, teria a ver mais e principalmente com o desafio "cognitivo integral" dos comunicantes. Isso se conseguiria não com parafernália audiovisual adicional, mas com uma "narrativa impecável", sóbria, que vá apresentando enigmas e perguntas ou problemáticas a serem resolvidas pelo videojogador ou pela audiência. Rumo a esse elemento de motivação é que deveria dirigir--se a aposta da produção, por parte de todos os que dela participam. O mercado justamente não se volta para essa direção, mas para os aspectos superficiais que rodeiam um conteúdo, ou incrementando a violência ou a pornografia como elementos atraentes e sedutores para as audiências.

Por outro lado, a estética futura tem de ser uma "transmidial", para que possa ser apreciada em diversas telas, grandes, médias e pequenas, em diversos contextos situacionais dos usuários. Uma estética distintiva, mas cada vez mais sóbria e até minimalista, mas muito mais bem planejada e desenhada do que as tradicionais. Uma nova produção audiovisual, em especial de vídeos, suporia exercícios anteriores de observação de um grupo, uma atividade ou um acontecimento, para pensar em seguida coletivamente quais elementos deveriam destacar-se, ou que vídeo deveria ser gravado para dar conta do objeto e do objetivo buscado.

Dever-se-ia compreender a produção principalmente como um processo de concepção e de reflexão sobre os elementos a serem captados e aqueles a serem reproduzidos na tela, para assim poder representar um objeto de outra maneira. O processo produtivo deve focalizar especialmente o aspecto da realidade que se quer reconstruir na tela, não "maquiar" o que já foi gravado em vídeo em etapas de pós-produção.

Em síntese, o presente e o futuro da interlocução entre audiências e telas exigem uma mudança de cultura na própria produção midiática, bem como de suas audiências nos seus processos de interação com as telas. Tudo indica que a desejada participação de todos como audiências não é algo que se consiga somente com o uso de novas tecnologias, mas supõe uma intencionalidade de todas as partes envolvidas nos processos comunicativos midiáticos.

Capítulo 9

Audiências conectadas e desconectadas: dois modos de estar ante a tela televisiva e de buscar a interlocução*

Falar de conectividade em tempos de telas converteu-se em um lugar-comum ao referir-se às audiências em suas interações múltiplas com elas. Contudo, essa generalização impede ver de maneira diferenciada diversas condições, desconexões e, em especial, de "ser e estar" das audiências ante a televisão, o que tem consequências não somente para entender seus processos de assistência, mas também para desenhar a maneira de interpelá-las e convocá-las para uma interlocução mais analítica e criativa a partir da tela televisiva. Discernir conectividades das audiências é importante para os educomunicadores, tanto quanto para as televisões públicas, para o estabelecimento de um vínculo adequado, não mercantil, a partir do qual possa fortalecer-se sua interlocução e, eventualmente, uma cultura de participação.

Perante a conectividade, faz-se necessário perguntar-se: o que está mudando e o que permanece nas interações entre audiências e telas, de modo especial entre televisão e telespectadores? A conectividade múltipla é um estado ideal de interlocução por si? Está acabando o tempo da assistência tradicional – meramente receptiva – e, com ela, os modos clássicos de "ativar" as audiências? Ao passarmos, como sujeitos sociais, para outras formas de "estar" no comunicativo, começamos a "ser" algo diferente daquilo que nos caracterizou sempre nas interações com as telas? Sob que condições se entra em uma cultura de interlocução diferente?

Lidar com estas perguntas significa problematizar e dissipar alguns pressupostos pouco sustentáveis, que muitos apregoam, tanto sobre a própria conectividade, sobre a entrada maciça das audiências no mundo

---

* Texto publicado em sua versão original como capítulo do livro coordenado pelo mesmo autor: *TVMORFOSIS. La TV abierta hacia la sociedad de redes.* México, 2012. (Publica-se com a permissão dos editores participantes: Tintable, Universidade de Guadalajara, TVMORFOSIS).

digital e sobre o usufruto das redes sociais, como sobre a anunciada "morte" da televisão e de seu mundo, pelo menos da extinção de suas dimensões centrais e de outros meios massivos hegemônicos, como o referem, em seu livro, Carlón e Scolari (2009) e, com eles, a morte da cultura da passividade ou da "spectatorship culture". Cultura esta que, embora muito criticada, continua vigente em amplos setores das audiências e, inclusive, até em muitas de suas interações com a internet, como o demonstra a pesquisadora White (2006) em seu estudo sobre internet e o corpo humano. E que permanecerá vigente, como afirma Miller (2013), visto que uma percepção sem demandas é uma prática enraizada entre as audiências e até necessária em um ambiente com muita demanda, cheio de estímulos informativos que buscam algum tipo de reação de suas audiências.

Ante a conectividade, ademais, é preciso questionar outros pressupostos acerca da "extinção" das próprias audiências que, para muitos autores, parecem ter abandonado seu *status* preferencial de receptores ou de espectadores para converter-se em usuários, "emirecs" (emissores-receptores) ou "prossumidores" (produtores-consumidores) (Orozco, 2009), e até em "fãs", dentro da nova cultura expansiva de interatividade e convergência (Jenkins, 2008).

Um voo empírico de partida para o futuro

Recentemente se publicaram os resultados do estudo "O surgimento do telespectador conectado" (*The rise of the connected viewer*, Smith e Boyles, 2012), que justamente mostra como essa conectividade especificamente com o telefone celular, enquanto se vê televisão, é uma tendência emergente que engloba já 52% dos telespectadores adultos nos Estados Unidos.

Diante dos resultados desse estudo nacional em um país de altos índices de conexão e uso de novas tecnologias, cabe refletir como seria a situação em outros países do âmbito ibero-americano, visto que, certamente, a porcentagem de telespectadores conectados seria muito menor.

Essa multiconectividade "in situ" do telespectador parece um estado desejável, pelo menos no que implica atenção partilhada com mensagens que não merecem alta concentração, seja porque, ao usar o telefone para jogar ou para falar com outros enquanto vê televisão, o telespectador pode fugir dos comerciais e, com isso, digamos, da incitação ao consumo, ou porque comentar com seus interlocutores telefônicos o que está vendo ajuda-o a ressignificar apropriações individuais a respeito, como de fato é o caso com 20% dos conectados nos Estados Unidos, segundo os dados do referido estudo.

Visto assim e em uma perspectiva crítica ante os conteúdos que se transmitem pela televisão comercial, a crescente conectividade dos telespectadores com outros dispositivos enquanto estão diante da tela deve ser bem-vinda e buscada, visto que permite várias opções, desde entreter-se melhor diante do clássico televisor, desviar-se de muitas mensagens de manufatura ou de efeito duvidoso, até a elaboração de juízos e opiniões partilhadas sobre o que se está vendo. Isso – deve-se enfatizar – seria o início de uma interação entre telespectadores e, eventualmente, colaboraria com uma ainda não estendida, mas muito desejável, participação conjunta para além da tela televisiva, como no caso dos recentes movimentos sociais de jovens em diversos países. Com telespectadores conectados, ver televisão já não seria sempre essa experiência individual e silenciosa, implosiva, de uma audiência isolada, mas uma apropriação partilhada entre vários, que pode ser explosiva, sem que isso suponha tampouco estarem todos a ver o mesmo televisor, nem necessariamente chegar a consensos.

A partir do estudo de Smith e Boyles (2012), percebe-se, pois, a possibilidade de pensar um papel dinamizador da televisão de qualquer tipo, para uma interlocução das audiências mais "enredada", isto é, realizada com o suporte de várias redes e através de outras telas que, supostamente, resultará mais frutífero e pensado. Isso tem consequências na maneira pela qual se desdobre a transmidialidade a partir das telas e se consiga a transmidiação entre as audiências, temas aos quais voltarei mais adiante.

Uma aterrissagem forçada na realidade presente

Depois de "ir e vir" com a conceituação sobre a desejada conectividade generalizada das audiências, ficou evidente que, em todo caso, um setor delas é o que está conectado e pode usufruir da cultura digital. Por isso, é preciso retomar o termo "Autocomunicação massiva", proposto por Castells (2009, p. 105), por considerar que expressa o fenômeno que estamos experimentando no mundo ibero-americano, de uma existência simultânea da clássica comunicação massiva e sua concomitante assistência televisiva mais ou menos passiva por parte das audiências, e a migração paulatina de setores dessas audiências para o mundo digital e para uma interlocução, mesmo que parcial, cada vez mais proativa e criativa.

No mundo, em geral, o acesso instrumental à tecnologia de todos os setores sociais está longe de ser o desejável. No México, por exemplo (e acontece mais ou menos o mesmo no resto da América Latina), apenas 40% da população – ou seja, 45 milhões de um total de 110 milhões, no caso mexicano – têm acesso a algum tipo de internet.

Além do acesso instrumental, o acesso cultural ao digital que a tecnologia supõe, embora difícil de graduar porque transcende o mais evidente e mensurável, é ainda muito desigual e de menores proporções. Assim o demonstram diversos estudos onde somente pequenas porções dos setores conectados são os que realmente se identificam plenamente como interlocutores (Fundación Telefónica Ariel, 2008; Orozco, 2012).

As razões que poderiam explicar o que acabamos de expressar são várias. A história mostrou que embora a tecnologia exerça um impacto na sociedade, a mudança cultural que isso implica requer períodos longos para assegurar-se. De igual modo, é preciso levar em conta que na América Latina viemos de uma época em que o autoritarismo e a verticalidade da comunicação massiva, sobretudo através da televisão, acostumou-nos a ser e até nos posicionou como audiências passivas, sem opções diretas de expressão e de réplica às mensagens massivas.

Dever-se-ia reconhecer também que, no mundo latino-americano, há um problema maior que incide no comunicativo, mas que o transcende, consistente em um desequilíbrio educativo acumulado no decorrer do tempo, já que a escola enfatizou a leitura em detrimento da escrita, ou seja, a recepção e não a expressão.

Isso está em contraste com outros países, como os Estados Unidos, onde a escrita teve um esplendor como linguagem cotidiana (Postman, 1991) e continua a ter muita vigência como tal, mesmo hoje onde as telas e o audiovisual invadiram a cotidianidade. Na América Latina, somente uma elite "cultivada" e uma classe média culta, com certo nível educativo, poderiam engajar-se na interlocução escrita com a imprensa. Como enfatizaram vários autores ao referirem-se ao fenômeno linguístico em tempos de telas, da oralidade se passou à audiovisualidade como linguagem popular generalizada, dando um salto mortal por cima da escrita (Martín-Barbero, 2003).

Dessa maneira, é possível afirmar que, em territórios latinos, arrasta-se um "déficit linguístico" que desemboca em um "déficit expressivo" que, de um lado, parece estar determinando a lentidão em incorporar-nos totalmente como sujeitos comunicadores, emissores, produtores dentro das plataformas de interlocução existentes e, de outro lado, tornando evidente, ainda no século XXI, vestígios da colonização. O colonizado devia apenas escutar e obedecer, não replicar nem opinar, muitos menos expressar-se criativamente (Orozco, 2010).

O "estar sendo" audiências de outras maneiras (de muitas ao mesmo tempo), empregando novas habilidades e competências digitais e tendo diversos dispositivos para a comunicação, não é, pois, algo que historicamente nos venha como tendência, mas, ao contrário, nem resulta automática ou necessariamente da efervescente conectividade, posto que alguns insistiam que sim (Hoeschmann e Browen, 2008). Será preciso ver em que casos e sob que condições. Nem muito menos é algo que simplesmente se alcança e fica para sempre. A dimensão da mera interatividade é diferente da dimensão do intercâmbio complexo e essencialmente cultural que se realiza para além do instrumental e supõe aprendizagens e treinamentos, também interferências e vontades explícitas dos próprios sujeitos que interagem (Jensen, 2011).

Nesse estar sendo audiência, cabem diversos modos de interação, desde latente até explícita, que não necessariamente colocam as audiências que as realizam na posição de emissores e de produtores. Várias pesquisas em países latino-americanos sobre audiências (Jacks, 2011; 2012) levam a pensar que um dos desafios maiores da interação de audiências com velhas e novas telas é justamente esclarece onde terminam os consumos e onde começa a produção por parte de todos os "comunicantes".

O que foi mudado e continua a transformar-se na assistência televisiva é a localização das audiências. A assistência, atualmente, como o demonstram vários estudos (Orozco, 2012), pode ser distinta, coletiva ou personalizada. Pode-se ver em uma tela o que originalmente foi produzido e transmitido em outra diferente. Isso é a qualidade transmidial que, por sua vez, se converte em algo legível por parte da audiência ao recepcionar o mesmo produto televiso em qualquer outra tela. E foi o caso do cinema ou dos vídeos, que se podem desfrutar no televisor e também em diversos dispositivos de exibição. Em essência, nada de novo, mas sim uma crescente e até mesmo compulsiva transmidialidade na recepção de produtos audiovisuais. Transmidialidade que, como fenômeno, é importante considerar para uma assistência televisiva mais efetiva por parte das televisões públicas (OBITEL, 2011).

128 • Educomunicação

A assistência, como já foi constatado pela maioria, saiu de seu claustro histórico: a sala de televisão no lar, e cada vez mais se localiza em qualquer parte: nos bares, nos mercados, nos centros comerciais, nos restaurantes, nos transportes públicos, nas vitrinas das lojas etc. (Repoll, 2010).

Essa "transmidialidade" da transmissão e recepção, que converge com a crescente ubiquidade das audiências e sua também progressiva conectividade, reforçou a impressão de que o consumo midiático tornou--se uma decisão das audiências, sem perceber que grande parte dos intercâmbios no consumo é reativa e não traz conectada reflexão prévia ou posterior, ainda que seja diversa ou transmidializada.

Os sentidos, intenções ou motivos pelos quais alguém se conecta à tela do televisor também estão sofrendo transformações importantes. Vê-se televisão por vários motivos ou em busca de múltiplas gratificações. Há um pêndulo entre os "porquês" e os "para quês" ver televisão, e ver qualquer outra tela também. Os primeiros, mais do que os últimos, emanariam mais dos costumes e dos rituais. A tradição pesaria, em princípio, mais nos porquês, e a exploração e a descoberta, mais nos para quês, sem que isso seja excludente, nem que sempre seja claramente diferenciado.

A implicação do que foi dito acima se manifesta nas estratégias para incidir nos processos de assistência e transformá-los. Isto é, nos caminhos para conseguir que as audiências sejam e estejam de outras maneiras ante as telas. Os porquês são os mais difíceis de transformar por resultarem da historicidade das audiências com as telas e estão bastante embebidos no cultural. Os para quês são mais voláteis e podem flutuar muito mais.

Alguns motivos clássicos para ver televisão ou ir ao cinema não são mais prioritários. Por exemplo, entre os jovens, ir ao cinema deixou de ser essencialmente para ver o filme que se exibia em uma sala. Estudos recentes mostram que, pelo menos entre audiências juvenis, predominam os que vão ao cinema não em função da película, mas em função de quem os acompanha. O que torna a ida ao cinema uma atividade sociocultural e afetiva, mais do que estritamente midiática, compartilhada com seres queridos com que se vai construindo referentes comuns importantes em suas relações socioafetivas, a partir da convivência em si mesma com o pretexto de estar ante a tela (Orozco, Navarro e García, 2012).

Da mesma maneira, o telefone celular faz explodir os motivos e usos clássicos telefônicos, transcendendo a comunicação verbal a distância para converter-se em um dispositivo versátil: receptor, produtor e transmissor ao mesmo tempo de voz, sons, imagens e textos, o qual acompanha de modo cada vez mais personalizado seu usuário ao longo da jornada cotidiana (Winocur, 2009). Tudo isso faz com que as diversas telas e artefatos digitais sejam muito mais do que unicamente instrumentos. São instrumentos complexos que conectam, servem de localizadores, calmantes na incerteza, entretenimento nos períodos de tédio, fonte de informação etc.

Estratégias diversificadas para fortalecer a interlocução das audiências

Várias pesquisas sobre práticas autodidatas de alfabetismo entre jovens fora da escola mostram como o ponto crítico é justamente a reflexão e a tomada de distância das próprias práticas funcionais, para avaliá-las e poder reinseri-las em outros contextos e cenários.

É preciso fazer pensar, desafiar, facilitar às audiências expressarem-se entre si mesmas e entre elas e as televisões. Objetivos que se podem conseguir de várias maneiras, mas que devem ser considerados prioridade a partir dos formatos e estéticas audiovisuais das televisões públicas e dos educomunicadores igualmente.

A abertura de sítios para fazer convergir a participação das audiências de um programa determinado é recomendável sempre e quando se produza depois de uma interpelação a partir da tela e se busque propiciar uma interlocução real entre a audiência. Não uma mera resposta que sirva aos produtores de programação. Em definitivo, o que se buscaria, a partir de uma televisão pública, diferentemente do que se busca a partir de uma comercial, é estimular a transmidiação das audiências. Transmidiação que, em princípio, consiste em modificar os produtos da tela ou tomá-los como insumos para criar vídeos, neste caso, como o mostra Spiegel (2012).

Como enfatizamos (Orozco, Navarro e Matilla, 2012), nesta época de revoluções propiciadas pelos apoios de interconectividade que facilitam as redes sociais, é mais importante do que nunca recuperar o conceito de "multidões inteligentes", cunhado por Rheingold.

As multidões inteligentes são grupos de pessoas que empreendem mobilizações coletivas – políticas, sociais, econômicas – graças a que um novo meio de comunicação que possibilita outros modos de organização, em uma escala cheia de novidades, entre pessoas que até então não podiam coordenar tais movimentos (Rheingold, 2002, p. 13).

O conceito elaborado por esse autor adquire máxima vigência, por exemplo: com os movimentos dos indignados jovens espanhóis, acontecidos na primavera de 2011, na Espanha – Movimento do 15 M, Democracia Real Já; com o próprio movimento mexicano, conhecido como o #YoSoy132; evidentemente, com as revoluções acontecidas nos países do Norte da África; e, de maneira muito significativa, com o movimento de jovens pela educação no Chile. Todos esses casos exemplares mostram que é possível transcender os próprios processos de assistência ou de conectividade para descer à realidade e conseguir uma participação cidadã.

Conexões e reconexões a partir da tela televisiva

Retomando o estudo referido no início deste texto, mas procurando ir além, em busca de uma participação das audiências, parece possível realizar, a partir da própria televisão, um esforço de ativação de suas audiências em dois sentidos. Em primeiro lugar, assumindo uma audiência conectada com outros dispositivos enquanto vê televisão, como no caso do estudo a que se aludiu no começo destas páginas; em segundo lugar, justamente a assumindo de maneira contrária, ou seja, desconectada.

No primeiro caso, a partir de uma tela televisiva, pode-se tornar evidente a certeza de que as audiências estão conectadas a outros dispositivos, e aproveitar essa condição. Por exemplo, fazer saber que no Twitter é possível enviar comentários a outros sobre o que é visto, ou dirigir-se diretamente a audiências ao terminar um programa e convidar sua interlocução direta com os produtores através do Twitter ou do Facebook, ou motivar o envio de uma mensagem de texto por celular. Essa interlocução, em seguida, torna-se coletiva pelos patrocinadores, a fim de amplificar geometricamente o mesmo intercâmbio e reconectar as audiências.

No segundo caso, quando a audiência está desconectada de outros dispositivos enquanto vê televisão, o esforço fundamentar-se-ia na concepção de formatos em que a própria audiência seja interpelada como sujeito pensante e potencialmente participante, à qual se pode responder, selecionar, avaliar, decidir, tomar posição ante o que se viu na tela, ainda que seja apenas mentalmente em uma primeira dimensão da interlocução consigo mesma. Por exemplo, poder-se-ia pensar em um tipo de videojogo que, sem receber os movimentos psicomotores que acontecem ante um console com as implementações necessárias, na mesma tela apareçam as opções e se convoquem as audiências para a eleição mental de alguma delas. Ou através de um drama televisivo, cuja narrativa pretende que a audiência se posicione ante as personagens centrais e pense opções de final da história ou de transformações da interação. Tudo isso para familiarizar a audiência, que, mesmo não estando ainda "enredada", nem por isso deve ter uma recepção passiva, de mera espectadora.

Como disse McLuhan repetidamente em seus escritos, quando mudam os ambientes midiáticos – a própria televisão e ainda mais as outras telas constituem ambientes midiáticos –, muda a maneira de comunicar-se e muda também a maneira de tomar consciência e de pensar sobre o objeto da comunicação.

As televisões públicas implicam um potencial de mudança. As televisões universitárias, em particular, têm opções diversas para buscar a transformação de suas audiências a partir de uma perspectiva educativa e cultural, sem que isso signifique ditar significados nem instruir a partir da tela, mas justamente provocar interações entre as audiências, com a própria tela, entre si mesmas e mais além com o conhecimento e o saber.

Capítulo 10

De volta ao futuro: televisão e produção de interações comunicativas[*]

As interações como cenário da comunicação no século XXI

No prefácio à segunda edição desta trilogia, objeto de referência deste ensaio,[1] eu destacava que as reflexões centrais se situavam "em um contexto de busca por compreender mais profundamente a (1) interação polissêmica dos (2) telespectadores com as (3) mensagens e com o (4) meio televisivo e sua própria (5) cultura" (Orozco, 1994, p. 10). São cinco âmbitos de pesquisa que continuam sendo de especial interesse no entendimento das relações de comunicação, tanto entre meios, audiências e usuários como entre tecnologia, sociedade e cultura, e continuam apresentando perguntas e desafios importantes, ainda que diferentes, aos pesquisadores da comunicação e dos meios, e agora também das tecnologias de informação.

O primeiro deles, a "interação polissêmica" dos telespectadores, continua sendo o epicentro contemporâneo da vinculação múltipla dos sujeitos com o ecossistema midiático e, em particular, agora, no século XXI, com as redes sociais, a partir de onde e para onde muito da interação midiático-tecnológica do momento se dirige, dissemina-se e de que se apropria. É justamente na interação que se mostra o processo comunicativo. Nesse sentido, "a interação é a comunicação".

Como tal, a comunicação "explodiu" de diversas maneiras: às vezes comprimindo-se em linguagens híbridas, mais densamente expressivas do que as tradicionais, como as que se usam em intercâmbios

---

[*] Uma primeira versão deste ensaio foi publicada na revista *Comunicación y Sociedad*, n. 18, que comemora seu 25º aniversário. Universidade de Guadalajara, México, julho de 2012.

[1] Este artigo foi publicado pela primeira vez na revista eletrônica *Razón y Palabra*, n. 75 (agosto, 2010), "Libros básicos en la historia del campo iberoamericano de estudios en comunicación". Este texto inspirou-se na seguinte obra de Guillermo Orozco: *Televisión y producción de significados (Tres ensayos)*. México: Universidad Iberoamericana, 1987.

de *Messenger* e no envio de transferência de mensagens via celular em geral. Recentemente, a compreensão se refere ao número de palavras e de caracteres que se pode enviar no *Twitter* e em qualquer outra rede social.

A comunicação, que se tornou interação intermitente e constante, e, acima de tudo, em potencial interatividade, ao mesmo tempo que se adensa e comprime, faz-se mais funcional aos objetivos de intercâmbios vários entre os comunicantes. A emergente interatividade que se observa especialmente entre os usuários-audiências jovens satisfaz distintas necessidades, desde acalmar a incerteza, marcar uma presença, confirmar uma identidade, difundir estados de ânimo, sentir-se mais ativo, confirmar a pertença a conglomerados maiores, obter informação pontual, difundir notícias, entabular diálogo com outros, partilhar conhecimentos, denunciar estados de ânimo e emoções etc. (Winocur, 2009b). Ou seja, a interação atual com diversos dispositivos e telas e a eventual interatividade que dele derive não é somente a maneira de comunicar-se, acalmar-se, informar-se ou divertir-se hoje em dia, mas de conseguir nada menos do que a sobrevivência.

Cada vez mais se vive através de comunicar e comunicar-se, de estar conectado, interagindo, embora autores como Baricco (2008) e Carr (2010) sejam muito críticos quanto aos efeitos nocivos dessa hiperatividade. Aqui há um debate amplo, irresoluto, sobre os benefícios e os perigos desse tipo de conectividade exacerbada, que se há de perceber para levar em conta e retomar na discussão em outros momentos.

Independentemente de juízos de valor, a comunicação ou a comunicabilidade como fenômeno cada vez mais apoiado na tecnologia é uma forma particular de sobrevivência. Como sugeriu a comunicadora Huffington (Echeverría, 2011), criadora e líder de um império jornalístico global de muito sucesso, *The Huffinton Post*: "Comunicar é o novo entretenimento das pessoas" (p. 64-65).

Com esta afirmação e a do título do educador Ferrés (2000), *Educar em uma cultura do espetáculo*, é muito difícil não trazer à mente esse outro título do livro clássico de Postman (1991), *Divertir-se até morrer*. Morte que, paradoxalmente, contradiz essa "sobrevivência" que possibilita o estar comunicados, conectados no ecossistema comunicativo. Se comunicar-se como forma preferida de entreter-se permite a sobrevivência contemporânea, o que se há de pesquisar, então, é a "distração humana", a diversão e suas mediações mercantis que a determinam em boa medida, tendo em vista que o mercado vai implantando suas regras e condições no sistema lúdico-midiático-informático de hoje e para o do futuro.

É todo um tema do qual se pode falar como o "reinado tecnológico--comunicacional da ludicidade com forte condicionamento mercantil".

Um tema muito complexo para entender os motivos mais fortes que movem os sujeitos sociais e as instituições-empresas dentro das quais se desenvolvem, que desafiam outras forças motoras humanas de antigamente, como o esforço, o trabalho e a educação escolar. Hoje em dia, a formação crítica das audiências para seu intercâmbio com o ecossistema comunicacional se faz mais urgente do que nunca, visto que é preciso desenvolver uma série de competências e posicionamentos, cada vez mais amplos e precisos, mas focados, porém, em uma capacitação para o intercâmbio em ambos os sentidos: recepção e emissão.

A interação polissêmica original – primeiro âmbito mencionado no texto de referência –, hoje, portanto, não apenas necessita da educação da percepção ou recepção, ou seja, da educação do "olhar" do emitido por um emissor massivo em suas mensagens codificadas, mas também precisa focalizar educativamente a "feitura e confecção", a própria produção, a capacitação das audiências como emissoras de outras mensagens. Uma formação que permita a todos "jogar na quadra na interlocução" contemporânea, sem sucumbir na tentativa.

Audiências, sempre audiências...

O segundo dos âmbitos considerados é o dos "telespectadores". Segmentados e diversos, ativos sempre, à sua maneira, previsíveis e capazes, ao mesmo tempo, de surpreender, seguiram um interminável processo de "audienciação" (Orozco, 1997), que corre paralelamente à midiatização aguçada atual (Livingstone, 2009) e que, ao mesmo tempo, confere o *status* distintivo de audiências aos sujeitos sociais desde a segunda metade do século XX e no que já se passou do século XXI, diferenciando-os de outros atributos identitários próprios de sociedades anteriores.

Audiências passivas, ativas, hiperativas, interativas ou instáveis, mas, no final, audiências, na medida em que nos intercâmbios comunicacionais com os outros e com o outro sempre há um dispositivo midiático, tecnológico, analógico ou digital, que o torna possível, materializa-o, apoia-o ou dispara-o em muitas direções.

Ser audiência significava e significa, ainda hoje, ser um "comunicante" mediado por tecnologia, especificamente por telas, nos intercâmbios sociais, sejam estas grandes telas de difusão massiva ou não, sejam analógicas ou digitais, admitam uma interação apenas simbólica ou também material. Ou seja, aqui se propõem audiências como uma categoria genérica de uma posição ante o mundo mediada por meios e tecnologia, por representações quase sempre audiovisuais da realidade, independentemente do tipo de interação que se estabeleça com as telas, quer seja mais ativa, quer seja mais passiva, mais crítica ou mais conformista, mais determinada pela recepção do que pela emissão ou vice-versa.

Embora os sujeitos sociais nos tornemos audiências por nossa relação com as telas massivas, pelo fato de elas, hoje, serem também minúsculas e portáteis e terem outras propriedades, não deixamos de sê-lo. Tampouco deixamos de sê-lo em razão de assumir-nos também como emissores e não apenas receptores. Essa dicotomia se vai dissolvendo nas maneiras atuais, mais proativas, de estar como audiências, nas quais todas as partes se podem assumir em uma situação de interlocução, produção e recepção combinadas.

Os telespectadores clássicos foram adquirindo novas maneiras de estar e de interagir com a televisão, ou seja, de "assistir à televisão", e vão aprendendo outras com as "novas tele-visões". Aqui, a pergunta de fundo é: Como passar de uma cultura televisiva centrada e marcada essencialmente pela recepção e pela aglutinação das audiências como massa, de modo geral não manifestamente ativa, diante de meios verticalistas, para uma audiência cada vez mais visivelmente ativa e interativa, aglutinada em redes, definida principalmente pela produção, interlocução e participação com e a partir de mensagens específicas?

Vários são os modos de nomear os aparentemente "novos" sujeitos em relação com as telas: usuários, emirecs, prossumidores, produtores ou simplesmente fãs (Jenkins, 2008), os quais provêm de várias tradições conceituais e permitem destacar muito do mesmo, embora de maneira diferente: hoje as audiências podem apresentar-se ativas tanto na recepção quanto na emissão, e esperamos que também na interlocução equitativa entre todos os participantes, que é o que ainda está por se ver de maneira consistente e ampliada.

Com todas as variações, é preciso insistir, o que as audiência atuais compartilham é uma interação sempre mediada, não importa que seja de um para todos, entre todos ou de todos para todos, que se torna evidente em uma gama mais ampla de assumir-se como audiência, a partir de uma extremidade onde a inércia ou a passividade dominam a interação com as telas, até a outra, onde a hiperatividade reina em seus intermitentes contatos. Aqui é onde a audiência se faz fã e, a partir dessa impressão, irrompe obsessivamente na desconstrução ou na simples destruição, tanto de produtos como de políticas programáticas, às vezes sendo especialmente criativas, outras mais repetitivas, destrutivas e outras coisas mais, permitindo sair, não sem atropelos e incoerências, essa criatividade comunicativa, talvez reprimida pelos meios massivos autoritários que hegemonizaram o ecossistema midiático nas últimas seis décadas (Jenkins, 2009; A Manifesto for Media Education, 2011).

Os sentidos que emanam da interação

O terceiro dos âmbitos mencionados – "as mensagens". Enunciados assim, intencionalmente sob uma perspectiva de teoria midiática, e que a partir de outras se denominariam como conteúdo ou textos, ou produtos significantes, simplesmente, constituem, hoje em dia, uma exuberante produção intermitente, carregada de sentido e de sentidos, também no plural, e cheia de entrecruzamentos, em que se vai consolidando o que antes apenas se entrevia: essa inseparável amálgama de comunicação e tecnologia, fundo e forma, desenho e conteúdo, formato e interpelação, gênero programático e sentido (Orozco, 2011).

O retorno contemporâneo às advertências de McLuhan (Scolari, 209b), entre aquelas de que o "meio é a mensagem", adquire hoje, na segunda década do século XXI, renovada credibilidade para entender melhor o que está em jogo nas diversas apropriações entre sujeitos e conteúdos mediados sempre através de dispositivos tecnológicos audiovisuais. Sem estes, não se entenderia o *corpus* comunicacional resultante que fica sempre inacabado como produto do intercâmbio, onde agora, no cenário digital, além do mais, é sempre suscetível de desconstruir-se por qualquer das partes, não apenas simbólica, mas também digital e materialmente.

Hoje, mais do que nunca, a mensagem é ponto de encontro ou de desencontro entre comunicantes dentro e além da mera relação comunicativo-midiática que alguns reconhecidos autores como Martín-Barbero (2011) sempre insistiram em transcender para entendê-la. O que atualmente se observa é uma "dialética da apropriação" que tem a ver tanto com a cultura como com a tecnologia, bem como com o próprio processo da comunicação. Parece no momento atual que não fica claro quem veio primeiro: se a comunicação, a cultura ou a tecnologia. Cada uma dessas três dimensões pode definir as outras, coexistindo ambivalentemente nos intercâmbios das audiências. Intercâmbios onde a mera enunciação já exerce uma mediação que afeta até o corporal (White, 2008). As combinações cada vez mais intensas de sons e de imagens, movimentos, cores e música produzem experiências que ultrapassam os próprios parâmetros da percepção e incluem o sujeito que percebe emotividades novas e experiências outras, inéditas, sem significado específico, apenas carregadas de intensa sensação. Seu grau de intensidade e sua plenitude, em todo caso, será o sentido buscado e encontrado que, ao experimentar-se, conclui.

Nessa passagem histórica e geracional entre as diversas audiências, combinado com a permanente transformação tecnológica ao alcance de maior número de audiências, embora nunca de todas, o fenômeno que vai ficando claro é que a interação comunicativa com as telas deixou de ser apenas assunto de significados e de interpretações. Ou seja, a interação deixa de ser apenas questão de hermenêutica para adquirir dimensões materiais, reais, neurológica e tecnologicamente possibilitadas (Castells, 2009), em que a mera presença e materialidade do meio ou do dispositivo tecnológico constitui uma mediação importante na percepção, primeiro, e depois no resto do processo comunicativo (Gumbrecht, 2004).

O cenário audiovisual como epicentro da interação

O quarto objeto de análise envolvido é o "meio televisivo". Um meio que deu tanto o que falar e criticar, desfrutar e sonhar, hoje, mais do que nunca, é tema de debate. Dada por morta por alguns, agonizante por outros e imortal por outros mais, a televisão continua sendo, atualmente, um entorno/ambiente central da comunicação nas sociedades contemporâneas (Press e Williams, 2010). Se algum meio de comunicação teve e tem, ao mesmo tempo, de modo extremo, relevância e irrelevância, esse tem sido a televisão. Sempre diante dos olhos de centenas, milhares e de milhões de telespectadores, para os quais, importante ou insignificante, a televisão foi e permanece sendo um ponto de referência e um miliário histórico no intercâmbio societário em seu conjunto, predominantemente veiculado por processos comunicativos.

O fim da televisão, de um tipo de televisão, deve-se explicar, anunciou-se e se anuncia como algo inevitável (Carlón, 2004). Terá de ser comprovado no momento em que pareça ser o caso. Por enquanto, não é assim. O meio televisivo "defende-se", transforma-se, expande-se e diversifica-se – tal como o radiofônico e o cinematográfico –, no geral ao ritmo da classificação e dos deslocamentos e mudanças nos modos de estar como audiência (e de comprar e de consumir) de seus telespectadores. Contudo, o aumento crescente de uma programação televisiva para setores de audiência mais seletos e diversificados, setores com certo poder aquisitivo, não esgotou a programação generalista, nem as televisões abertas, públicas ou privadas, ainda que as públicas, por outros motivos de orçamento e condicionantes político-mercantis, tenham cada vez mais problemas para subsistir.

A proliferação de sítios na rede mundial de computadores, para o usufruto, ao bel-prazer, da programação televisiva, a convergência digital múltipla, que permite ver a televisão em qualquer tela, em qualquer lugar e a qualquer hora, e o fazer confluir para a tela a presença virtual de "telespectadores" a partir da rede, não terminaram com as reuniões familiares ou de amigos diante dos televisores gigantes, próprios ou emprestados/alugados momentaneamente de lugares públicos ou de bares para desfrutar coletivamente os esportes, os concertos e outro tipo de programas. Antes de outras telas, a televisão foi-se instalando em todos os lugares públicos, privados, íntimos, povoando o cenário cotidiano com telas que exibem, até nos mercados típicos, sua programação tradicional, unidirecional, vertical, sem possibilidade de réplica (Repoll, 2010).

Como afirma Miller, enquanto não existir outra tela que exija menos esforço ainda do que a televisiva tradicional, teremos a televisão indefinidamente. Teremos televisão "para sempre", diríamos no México. Televisão, no sentido mais clássico de uma transmissão massiva de um emissor, por um canal, a milhares de telespectadores-audiências, que querem abandonar-se à tela, desfrutar e emocionar-se sem esforço, descansar, fundir se nas imagens para esquecer as pertencentes à realidade, abandonar-se ao capricho do televisor. E que também querem desfrutar de sensações novas, para o que adquirem essas grandes telas de alta definição: de plasma e LCD, que se oferecem no mercado.

Obviamente isso não supõe negar ou não querer reconhecer os outros potenciais, interativos, sensoriais, cognitivos, divertidos e emocionantes também, cheios de novidades, que trazem consigo outras telas e outras maneiras de interagir com elas que não seja como os modos tradicionais de enfrentar o velho televisor. O que nós, os comunicadores estudiosos, vamos aprendendo dos meios e dos dispositivos comunicacionais é que o novo não destrói o velho: eles coexistem de alguma maneira. E como dizia McLuhan, cada novo meio implica, em si, um antigo.

Contudo, além disso, no ecossistema comunicacional em que nos encontramos, os maniqueísmos e as dualidades tendem a desaparecer nos processos comunicativos. As obsolescências tecnológicas são propiciadas pelo mercado, não pela tecnologia, nem pelos mesmos processos de comunicação. Claro que à medida que o mercado e a sociedade mercantil como tais aumentam sua voracidade, novos meios e dispositivos substituirão eventualmente muitas outras funções dos velhos meios.

O motivo principal para pensar que o futuro mais provável será um cenário de coexistência entre novos e velhos meios e dispositivos comunicacionais tem a ver com o fato, empiricamente comprovado, de que cada meio é "muitas coisas ao mesmo tempo", como venho afirmando ao longo dos anos. Um meio é uma linguagem, é uma tecnologia, é uma instituição, é um conjunto de propostas significantes, é um dispositivo com certos potenciais, é o contexto para diversos tipos de interação e gratificação por parte das audiências, é uma fonte de mediação cultural, um entorno específico. Cada meio, além disso, vai criando ou se vai associando a hábitos e ritualidades, a tradições que não se abandonam facilmente. A tecnologia pode transformar-se rapidamente, a cultura não (Orozco, 2001). Leva tempo modificar costumes e preferências, ainda que, assistindo à mediação tecnológica contemporânea, se perceba sua grande força e capacidade para inverter tendências e inércias históricas pesadas com maior rapidez do que outras mudanças históricas, como a da própria imprensa, que modificou paulatinamente as sociedades de então em sua intercomunicação, no acesso à informação e na produção de conhecimentos.

As identidades em jogo

Outro dos âmbitos é a "cultura". Não é nada simples falar de cultura nestes tempos "aparentemente desaculturados", ou de culturas híbridas ou bombardeadas pela globalização. Mais complicado ainda é compreender a mediação mútua entre cultura e comunicação, entre tecnologia e cultura, e entre comunicação, tecnologia e cultura. Todas em um contexto a que Martín-Barbero denominou "quando a sociedade se torna mercado" (1987).

Entre alguns dos elementos da cultura que se modificaram nos últimos 25 anos está o que se refere ao que a constitui. Usualmente, isso era definido pela tradição ou pelas tradições próprias de cada lugar e tempo. Era, igualmente, algo que sempre fazia e faz parte constitutiva da cultura. Produtos tangíveis, como as obras de arte ou os monumentos, ou inclusive intangíveis, como a música, a estética ou as imagens. Os acervos culturais sempre foram considerados valiosos por si mesmos, porque resguardam a produção criativa e artística ou científica que os sujeitos sociais realizaram. Tudo isso aponta para a conservação, para a bagagem histórica que permite a cada sociedade florescer em seus futuros subsequentes. A cultura esteve, até pouco tempo, mais orientada para o passado trazido ao presente ou tornado presente do que para o futuro.

O que estamos experimentando atualmente é antes uma tendência diferente e, até certo ponto, contrária à anterior, em que não é o passado, mas o presente, o ponto de partida, e não fica muito claro qual seja o de chegada. Essas tendências encontradas na produção dos sujeitos sociais parecem redundar no eclipse desse futuro único, considerado sempre melhor, que todos, desde o passado, quiseram e ao qual todos, desde o presente, aspiram. E, ao mesmo tempo, um obscurecimento do passado que se torna obsoleto perante os mesmos olhos das audiências, na fugacidade das imagens em tela, e que tende a ficar no esquecimento. Assistimos a um bombardeio audiovisual contra a memória histórica das audiências-cidadanias como nunca antes se havia experimentado.

Hoje, parece haver muitos futuros ou se percebe uma gama ampla deles, sendo um fenômeno cada vez mais nítido essa ampliação indefinida do presente; um presente contínuo, que inibe o passado e deixa na incerteza o tempo futuro. A televisão e os demais meios e dispositivos audiovisuais velhos e novos vivem sempre do presente contínuo, realçando uma cadeia interminável de acontecimentos, desligados entre si, sempre se sucedendo como novidade nas telas, sem encadear-se uns aos outros. Ou seja, sem historicidade.

Paradoxalmente, hoje, mais do que nunca, a capacidade de memória e de armazenamento de produtos e de informação em bases de dados variadas não tem comparação. Contudo, a produção que aí se deposita, por não ser tangível, parece tão volátil que poderia desaparecer a qualquer momento, o que permite pensar em uma "exacerbada volatilidade da cultura", cada vez mais cheia de *corpus* não tangíveis e, sobretudo, de desmemórias.

Se a identidade de cada sujeito social havia sido uma construção alimentada de muito passado, durante muito tempo, sem muito presente, e assim as identidades permaneciam e se projetavam indeterminadamente, hoje essas identidades são menos definidas e duradouras, mas feitas de presente, com todo o fortuito que isso implica, pelo que acabam sendo identidades mais bem amalgamadas, como insistiram em vários textos Martín-Barbero e outros autores.

Uma das expressões mais evidentes da mediação tecnologia-cultura é a possibilidade de construir e de projetar diferentes identidades, inclusive simultaneamente. Outra é a de mudar de identidade, mostrando acessórios acrescentados a imagens e fotografias próprias, reconfigurar imagens anteriores, misturando recortes diversos em tessituras, tempos e procedências, e "criando" produtos novos para o intercâmbio nas redes sociais, por exemplo. Nesse sentido e na medida em que exista a efervescência identitária nos intercâmbios, a identidade hoje goza de maior visibilidade, mas tem menos durabilidade.

Entre tecnologia e comunicação, a medição mais explícita é a convergência e a imediatidade do intercâmbio, visto que com um Blackberry se pode consultar o e-mail, enviar mensagens de texto, voz ou imagem, armazenar dados, usar como telefone, baixar música e escutá-la, gravar vídeos ou fotografar. Todas essas atividades comunicativas, em si mesmas, embora antes se fizessem separadamente, com equipamentos diferentes próprios e exclusivos para cada uma delas, hoje podem ser realizadas através de um único deles.

Essa possibilidade de uso de diferentes canais, linguagens e combinações entre eles imprime um caráter mais integral à atividade comunicativa, a qual paradoxalmente se choca com a fugacidade das mensagens intercambiadas e com a rapidez de reação por parte dos comunicantes.

Na mediação entre comunicação e cultura, observa-se que cada vez mais – para o bem ou para o mal – vai ganhando terreno uma comunicação definida mais pela técnica e por seus dispositivos e suportes materiais do que pelo sentido ou significado; uma comunicação com maior ênfase no desenho e no formato da mensagem, ou seja, nos elementos materiais, do que em seu conteúdo ou em certas intenções ou premissas significantes *a priori*. Por isso, como enfatiza Piscitelli (2011), secundando afirmações de Ong (1977) em relação à imprensa, as mudanças dos novos dispositivos que possibilitaram a internet, com o *Facebook* e *Twitter*, não são apenas materiais, mas também cognitivas e desafiam os significados e o sentido. Ainda mais, afirma esse autor: "A cultura digital privilegia o uso e antepõe a presença à análise, prefere a localização à substância, valoriza mais a visibilidade do que a pertinência" (Piscitelli, 2011, p. 167).

Rumo a uma incerta "simples complexidade" comunicativa

A nova cultura – chame-se de ciberculturas, no plural, ou cibercultur@ ou cultura digital –, como um todo que se vai alargando no cenário comunicativo contemporâneo, exige ser pesquisada e compreendida, para que se possam situar adequadamente as novas ênfases comunicativas e a criação polissêmica de sentidos. Entre todas as tarefas pendentes nesse reduzido campo de análise, objeto destas linhas, mais do que nunca se há de retomar a intenção subjacente no que perspicazmente destacaram Franco e González (2011) sobre o texto de referência que motiva este ensaio: "A incorporação paradigmática dos estudos culturais no texto de Orozco permitiu dar uma 'torção' nos estudos de recepção das audiências" (p. 3), o que eu assumiria agora como a necessidade de destacar o comunicacional em si mesmo na pesquisa da mediação comunicação-cultura-tecnologia, como o cenário mais fértil para abonar hipóteses e achados ao mesmo tempo, e continuar dialogando com os pesquisadores preocupados com esse apaixonante objeto de estudo.

Faz 25 anos que a pesquisa da recepção televisiva, em particular, e a da comunicação, em geral, especialmente a da *Communication Research*, estava enredada no próprio processo da recepção. Este se entendia essencialmente na dimensão televisor-telespectador. Os famosos Tv-Viewers nunca saíam da sala de TV ou eram diretamente confinados em laboratórios para "libertá-los" da contaminação ambiental que poderia alterar suas respostas às perguntas dos pesquisadores, que, como o reconhecido (e aqui já citado) psicólogo social Albert Bandura (1996), buscavam a relação causal direta entre a televisão e as condutas manifestadas posteriormente à exposição da audiência à sua tela.

Juntamente com isso e não obstante a publicação (jamais em espanhol) do famoso livro *Personal Influence* [Influência Pessoal], de Lazarsfeld e Katz (1995), que enfatizava o papel dos líderes de opinião nos processos comunicativos que se davam entre os membros da audiência a partir de sua exposição aos meios (González, 2011), predominava a crença em um forte poder dos meios e em especial da televisão para modificar condutas, mudar ideias, motivar a ações, induzir respostas ou influenciar atitudes. Tentava-se, ademais, formar audiências e grande parte da aposta se lançava nos programas educativos alternativos do tipo "Vila Sésamo" ou "Free Style" (analisado em texto original de referência deste ensaio).

Da parte da "escola crítica" dos meios, falava-se de uma ideologia dominante que podia invadir e modificar tudo segundo os objetivos das elites do poder. Acreditava-se que havia um grande determinismo nas relações sociais, muito verticalismo e imposições, e bastava uma boa difusão para que o vírus ideológico contaminasse todos os seus receptores.

Nesse ambiente foi escrito *Televisão e produção de significados*, como uma proposta de sair das dualidades existentes que rodeavam os estudos de comunicação e meios. E, sobretudo, com a intenção de mostrar que não havia determinismos ideológicos, mas uma gama complexa de interações, chamadas posteriormente de mediações, entre a televisão, suas audiências e a cultura destas. Hoje, na distância e na proximidade do mundo digital que se dilata a galope em todos os confins, surgem mais dúvidas e incertezas, e talvez a única coisa que vai ficando clara é que estudar a comunicação, hoje, supõe um desafio de várias disciplinas, como a economia política dos meios, a tecnologia informática, a estética e a semântica, o desenho e a produção industrial midiática, a política, em especial o tema do poder, a mercadotécnica, a história, as neurociências, a psicologia, a sociologia, a pedagogia e, obviamente, a própria comunicação, a teoria dos meios e a ecologia midiática. E como insisti em parágrafos anteriores, "a ludologia", como espaço conceitual para entender esse impulso vital humano aparentemente irrefreável, hoje, mais do que nunca, que arrasa interações comunicativas e inibe outros motivos anteriormente importantes no processo comunicativo, fazendo deste, mais que um caminho previsível, um jogo arriscado onde a única coisa certa, como nos videojogos mais populares, é que "devemos passar ao grau de dificuldade seguinte".

Epílogo

"O telespectador não nasce, se faz." Vinte anos depois de *Televisão e produção de significados*, de Guillermo Orozco[*]

DARWIN FRANCO E RODRIGO GONZÁLEZ[**]

Foi no distante 1987, quando Guillermo Orozco esboçou algumas das ideias que seriam básicas na consolidação de sua trajetória acadêmica, as mesmas que hoje em dia o situam com um dos autores mais reconhecidos nos estudos de recepção não somente na Ibero-América, mas também nos grandes cenários internacionais (cf. Mattelart e Mattelart, 2005, p. 119).

Televisão e produção de significados (três ensaios) representou, nesse ínterim, um esforço importante para entender que o "ato de ver televisão", mais do que uma relação reduzida aos efeitos ou usos e gratificações, é um processo amplíssimo e complexo, onde os telespectadores são agentes ativos que antepõem às mensagens uma série de mediações que lhes permitem conduzir e ressignificar seus conteúdos. Naquele momento, também, era importante a intenção de separar esses processos da teoria da recepção textual vigente na época, sobretudo, de cunho germânico (por exemplo, na tradição de Jauss e Fish; cf. Jauss, 1982; Fish, 1980), onde os estudos se haviam voltado a compreender o que fazem os textos com as pessoas, mais do que o que fazem as pessoas com os textos.

A influência dos estudos culturais no autor não somente foi importante, mas vital, porque, através de instrumentalizar sua visão sobre o consumo cultural e os mecanismos simbólicos de resistência

---

[*] Este texto se inspirou na seguinte obra de Guillermo Orozco, *Televisión y producción de significados: tres ensayos* [Televisão e a produção de significados: três ensaios]. Serie Comunicación y Sociedad, n. 2, Guadalajara: Universidad de Guadalajara, 1987. Este texto foi publicado na versão espanhola na revista *Razón y palabra*, n. 75, 2011, México.

[**] Professores do Departamento de Estudos da Comunicação Social, Universidade de Guadalajara.

146 • Educomunicação

e de apropriação, lhe foi possível pensar que a televisão, longe de ser um instrumento de controle total, como estava então em voga, é uma densa instituição multimidiada, em que se verificam diversos tipos de negociações e tensões entre os receptores e as propostas de sentido que esta veicula.

Guillermo Orozco, como também já o faria Jesús Martín-Barbero em *Os meios e as mediações* (1987), concentrou sua atenção nesse processo porque é onde crê que se encerra aquele outro de construção de sentido; de outra forma, entendia que o sujeito, como agente ativo e imerso em comunidades interpretativas, é capaz de adquirir diversos significados que podem ser usados para aceitar, negociar ou rejeitar os conteúdos televisivos e então elaborar com ele uma orientação prática no mundo. Através dessa manobra, *Televisão e produção de significados* ganhou relevância na época de sua publicação na medida em que propôs categorias que permitem não só resgatar o papel e a função da audiência ante a televisão, mas também aprofundar o papel que ela desempenha como instituição produtora de conteúdos simbólicos e propostas culturais na vida cotidiana. Através dos três ensaios que compõem a obra, Orozco identifica três momentos determinantes no processo de recepção televisiva que permitem e possibilitam estes processos:

1) A *construção dos significados* por parte da instituição televisiva: neste ponto, o autor não se refere à produção de certa programação, mas à codificação[1] particular , de acordo com um código cultural específico (Orozco, 1987, p. 12). Isto implica a análise das condições sócio-históricas do meio televisivo e das diretrizes político-econômicas que este assume como instituição cultural em determinado período histórico.

2) A *proposição de significados dentro de determinado produto cultural:* isto significa entender e estudar a forma como determinado conteúdo "convida os receptores a vê-lo de acordo com

---

[1] Nesta obra, as propostas teóricas de Guillermo Orozco estão muito influenciadas pelo modelo de Encoding/Decoding ideado por Stuart Hall (1980). Esse modelo, em grandes traços, surge como uma crítica ao modelo linear de comunicação (emissor-mensagem-receptor), pois, no dizer de Hall, a comunicação deveria ser entendida a partir do seguinte processo: produção--circulação-distribuição-consumo-reprodução, pois se nenhum significado é adquirido, não pode existir o consumo e o efeito de determinadas mensagens. Os significados, então, são obtidos mediante a codificação de significados propostos pelos emissores e pelo processo de decodificação que as audiências realizam. Tempos depois, Guillermo Orozco abandonaria essas premissas, para situar-se mais na comunicação como um processo onde múltiplas mediações convergem (não somente as emitidas por algum meio) para a significação e produção dos significados.

o significado prévio com que foi codificado" [...]. A intenção é desentranhar tanto o código significante quanto o conjunto de significados que constituem posições de leituras específicas" (p. 13).

3) Finalmente, *a interação* entre os receptores e os significados propostos pela televisão. Aqui se pretende tornar evidente "a negociação" mediante a qual se aceitam ou se rejeitam as mensagens televisivas.[2]

Mediante a combinação, concatenação e estruturação destes três momentos pretende-se entender o processo de produção de significados "como um todo integral". O texto, como já se comentou, compõe-se de três ensaios. O primeiro enfatiza a relação entre televisão e ideologia; o segundo explora a construção de significados alternativos através de programas televisivos que buscam contrabalançar os estereótipos vertidos nos meios e, finalmente, pesquisar a inter-relação entre os receptores da televisão.

Em seguida, realiza-se a análise de cada texto não à maneira de resumo, mas como um processo no qual se busca dar conta, por seção, da importância teórico-metodológica de cada um dos textos e da relevância que ainda conservam, em que pesem os mais de 20 anos que têm de existência.

Vendo por trás da tela. Uma forma de pesquisar a relação entre televisão e ideologia

De 1987 à data de hoje, os meios de comunicação conheceram uma evolução sociotecnológica tão imprevista que, de um momento a outro, estamos passando de audiências a usuários. Posto que pudesse parecer que esse é um processo linear no qual uma condição exclui a outra, começamos a verificar que não foi necessário deixar de ser uma para converter-se na outra; ao contrário: conforme diz o próprio Orozco, nossa atual "condição comunicante" faz de nós audiências/usuários múltiplos, capazes de ir de uma tela a outra sem necessidade de avisá-lo (Orozco, 2010).

---

[2] Esta última etapa, posteriormente, converter-se-á na apresentação de sua "Teoria das Mediações Múltiplas", hipótese muito utilizada na América Latina para entender os processos de recepção de audiências devido à sua profundidade teórico-metodológica. Para saber mais, cf. Orozco, 2001; 2011b.

148 • Educomunicação

Isso, sem dúvida, representa uma mudança importante, pois situa as audiências perante a oportunidade única de serem gestoras de seus próprios processos comunicativos ao construir, produzir e distribuir seus produtos culturais, mas isso, como consequência secundária e colateral, levou a pensar que a descentralização dos distintos polos de produção implica automaticamente a democratização e a pluralização do pensamento e, portanto, elimina o problema da ideologia como condição constitutiva de uma "nova era da comunicação".

Justamente este último ponto é o que mantém vigente o ensaio aqui resenhado, pois, não obstante a mudança vertiginosa nas condições materiais dos meios e no papel que agora eles desempenham, uma revisão do capítulo deixa claro que os fenômenos ideológicos nunca podem ser negligenciados da integridade total do fenômeno da recepção televisiva e midiática.

Isso acontece, recorda-nos Orozco, porque a ideologia fica inscrita na constituição tanto do sujeito midiático quanto de suas condições de produção, sendo impossível deixar de lado que "o discurso televisivo (ou midiático) não pode escapar totalmente da ideologia, nem o pesquisador pode esquivar-se da reflexão acerca de como esse discurso se ideologiza" (Orozco, 1987, p. 16).

A partir daqui se torna visível que muitas pesquisas estão eminentemente interessadas no que acontece "diante da tela", mas não reparam no que "acontece por trás dela", ou vice-versa; realizam análises minuciosas sobre os discursos ideológicos que transmitem os que controlam e decidem os conteúdos televisivos, mas sem examinar se, na verdade, estes têm o impacto que se diz que têm, ou o que é esse impacto: presumem que as mensagens ideológicas são totais. Como o diz Orozco:

> O elemento que importa ressaltar aqui é que a ausência de um marco conceitual mais amplo não permitiu aos pesquisadores conectar a institucionalidade da televisão com a conotação de seus discurso e, portanto, com a influência ideológica nos receptores (p. 21).

Nesse sentido, a proposta de Orozco reside em trabalhar o fenômeno da recepção televisiva como um processo total, que incorpore a proposição e a construção dos significados gerados pela televisão no momento específico em que a audiência interage com eles, bem como seu retraimento às práticas cotidianas no momento posterior a ele. A proposta, nesse sentido, vai além da mudança do paradigma comportamental ao

Epílogo • **149**

culturalista, pois busca desmitificar que a televisão funcione como uma "janela ou espelho" da realidade, porque – para Orozco – a televisão, como instituição cultural, mais do que refletir a realidade, a produz, e os sujeitos, em seguida, negam-na ou reproduzem-na.

Essas noções, sem dúvida, tratavam de separar-se do grande paradigma de efeitos, mas também da teoria crítica – tão vigente naquela época –, porque, no ensaio, o que vincula a televisão à ideologia vigente não é tanto seu poder de persuasão unidirecional ou seu posicionamento como "aparato ideológico", mas sua capacidade de produzir – e não somente de reproduzir – a ideologia dominante" (p. 26).

Seguindo essa premissa, tão eficaz hoje nos trabalhos de Orozco, o que a televisão faz é tomar os valores culturais e ideológicos circulantes para produzir diversos conteúdos que de muitas formas tendem a reproduzir os significados dominantes. Tudo isso recordando, claro, que a produção de significados televisivos está em função de um código que exige ser codificado e decodificado tanto pelo emissor quanto pelo receptor. Nesse sentido, a decodificação responde à "existência de uma atividade criativa dos sujeitos na geração e apropriação de sua cultura" (Orozco, 1988, p. 26). Essa cultura demarca igualmente os limites da atividade em função dos significados dominantes nela:

> A televisão, como instituição cultural na sociedade, não reproduz os significados dominantes outorgados à realidade, mas cria significados próprios [...]. A televisão reproduz padrões e significados culturais através da criação de novos significados que participam das determinações dominantes (p. 27).

Isso significa que a televisão não anda por aí unicamente refletindo os significados existentes, mas que, com base neles, produz novas "representações do real". Aí é onde verdadeiramente radica o papel da televisão na cultura.

Dessa forma, a televisão adquire culturalmente um amplo poder para a significação da realidade, porque "seu discurso é especialmente vulnerável a ser tomado por dado" (p. 28), pois o que sai em sua tela mostra-se tão natural que dificilmente o telespectador repara nas mediações que isso supõe.

Esse processo exige a existência de diversos "mecanismos de significação" que permitam ir desdobrando os códigos televisivos: primeiramente, porque a codificação realizada pela televisão necessariamente tem como premissa que "a realidade não é significante por si mesma"

(p. 29) e, em consequência, os significados podem ser múltiplos tanto na produção dessa realidade quanto nas interpretações que a audiência possa fazer dela.

Ao requerer da realidade televisiva certa inteligibilidade, a produção de significados exige ser codificada em função de: 1) uso comum de códigos e 2) seleção dos códigos em virtude de um contexto de referência específico. Essa conjunção constitui "uma maneira de perceber e de conferir sentido à realidade que se vai universalizando" (p. 30) por meio da televisão.

Neste primeiro ensaio, a aposta de Orozco foi demonstrar que a televisão não é nem uma janela para o mundo nem o espelho da realidade, tampouco uma mera reprodutora da ideologia dominante: ao contrário, "a televisão é uma instituição cultural complexa, produtora de significados sociais que não escapam à significação dominante de determinada cultura" (p. 32).

Isso faz com que o discurso televisivo não apenas seja ideológico, mas que, ao mesmo tempo, possa ser ideologizado em virtude dos processos sócio-históricos que rodeiam a produção-circulação-distribuição--consumo-reprodução dos bens simbólicos que hoje se produzem de forma exponencial através das telas com as quais e mediante as quais interagimos hoje em dia.

Televisão e aculturação. Limites de programas alternativos na desmitificação de estereótipos dominantes

Este artigo favoreceu revisar o papel da televisão na geração de estereótipos de gênero em meninos e meninas, particularmente sob o enfoque da Teoria do padrão mental de gênero, de Bem (1981), utilizando para isso o exemplo de uma série de televisão educativa titulada "Free Style", produto televisivo que oferecia a seus telespectadores padrões de gênero alternativos ante os trabalhos masculinos e femininos tradicionais. No momento em que Orozco escrevia este ensaio, o modelo dominante nos estudos sobre papéis e estereótipos era, sem sombra de dúvidas, o da aprendizagem social, do teórico canadense Albert Bandura (1976), de corte eminentemente comportamental. Infindos foram os trabalhos da época que fizeram análises a partir desse esquema até as instâncias psicossociais do comportamento, entre os quais se encontram as influências cognitivas dos meios de comunicação. Justamente, fora de seu estrito âmbito dos estudos da psicologia cognitivo-comportamental, uma referência que continua a ter muita presença até agora em nosso campo é seu célebre artigo "Teoria social cognitiva da comunicação de massas" (Bandura, 1994).

Esse modelo propunha gerar uma mudança nas atitudes dos telespectadores por meio da apresentação de personagens assumindo modelos de comportamento socialmente desejáveis. Com o estímulo codificado e a consonância posta nas expectativas adaptadas da audiência, esperava-se que o telespectador assumisse o papel apresentado. Como se sabe, as experiências levadas a cabo a partir desse modelo, ao longo de duas décadas, não conseguiram dar os resultados desejados, pois tal como argumenta Orozco, os processos são muito mais complexos do que a mera relação estímulo-resposta, implicando diversas mediações culturais e psicossociais em constante interação (1987, p. 46-51).

A partir dessa perspectiva, Orozco sugeriu uma porta alternativa à ilusão dos condicionamentos operantes, propondo ver a influência da televisão a partir do ponto de vista culturalista da Teoria do padrão mental de gênero (Bem, 1981). Esse modelo parte da premissa de que os estereótipos são representações que se fixam em práticas determinadas através de uma convenção social dada, mas sempre culturalmente construída. Nele, o padrão mental converte-se em um princípio organizativo, que categoriza a informação e assume os estereótipos como matéria-prima de orientação simbólica ali onde não existe informação prática sobre como agir. A partir daí, o papel da televisão (mas poderiam também ser outros meios) estaria em propor modelos de atuação contrapostos aos hegemônicos, trazendo um significado alternativo aos papéis e estereótipos dominantes a partir da interpelação das mediações culturais dos espectadores.

Nesse texto, o conceito de mediação, tão importante na obra posterior de Orozco, aparece já como um importante vetor nos processos de negociação das audiências com os conteúdos ofertados, convertendo-se no detonador de um processo de "evidenciação" a partir do qual os sujeitos tornam-se conscientes das dimensões antagônicas dos conteúdos a que estão expostos. Tal como diz o próprio Orozco, "o elemento mais importante com relação ao padrão mental é que, a partir da organização e do armazenamento da informação, o sujeito adquire uma espécie de estrutura informativa e não somente uma série de informações mais ou menos relacionadas" (Orozco, 1987, p. 40).

Com este ensaio, Orozco atraiu, juntamente com outros, a tendência imperante nos estudos críticos que gravitavam na órbita europeia e americana dos estudos de audiências (principalmente os ingleses), somando-se à voz de autores como Valerie Walkerdine, Henry Giroux ou John Fiske, que, como ele, buscaram nesse ínterim o vínculo entre a produção de conteúdos midiáticos, a recepção e a produção cultural de significados.

Televisão, receptores e negociação de significados. Algumas notas epistemológicas

Este ensaio é, talvez, o que melhor conceitua o valor teórico-metodológico da proposta que Orozco construiu para os estudos de recepção de mídias.

Nesse sentido, o ensaio foi preparado em torno de três eixos: 1) a posição do investigador como sujeito cognitivo em sua análise do objeto de estudos, 2) o papel e o *status* da televisão como instituição social que compete com outras instituições (família e escola) na socialização de crianças e de jovens, e 3) a relação que os receptores estabelecem com os significados construídos e propostos pela televisão.

Nas práticas empíricas da época (1987), era muito comum separar a intencionalidade do pesquisador de seu objeto de estudo. Pensava-se erroneamente que o problema de pesquisa existia independentemente das pretensões do pesquisador e, portanto, pensar em sua "construção" constituía uma ação epistemologicamente "incorreta" na medida em que contaminava o fenômeno a ser estudado.

Isso persistia (e persiste) na teoria social de orientação positiva, pois se pretende que o compromisso do cientista seja "neutro e imparcial"; isso, logicamente, teve impacto também sobre os métodos e técnicas utilizados, visto que implicou que estes se relacionassem unicamente com determinados objetos e somente a partir de determinado tipo de relações e operações. Orozco criticou fortemente esses imobilismos, pois, segundo sua perspectiva, o fato provoca a geração de "um supermercado de métodos e de técnicas de pesquisa" (p. 54) que fazem com que a epistemologia (como forma de conhecer, desenhar e analisar um objeto) se reduza a um mero ato de seleção de técnicas e/ou métodos. Como ele próprio comenta:

Quando se revisa qualquer relatório de pesquisa convencional [...], o que existe como marco teórico ou conceitual é simplesmente uma descrição de dados obtidos de pesquisas anteriores que o pesquisador, por razões que nem sempre são evidentes, considerou como conhecimentos adequados para justificar seu estudo (p. 55).

Ou seja, há um risco latente de que por trás da leitura positiva tente-se replicar estudos em latitudes culturalmente muito distintas, ignorando as condições de produção do objeto e escondendo as condições e justificações epistemológicas que guiaram a escolha de métodos, técnicas e ferramentas na suposta produção de dados. Isso não apenas o deixa sem identidade e contexto sócio-histórico, mas também desincumbe o pesquisador das obrigações contraídas ao apresentar à comunidade acadêmica o que supostamente estudou.

Para Orozco, de nada servem essas pesquisas, pois não contribuem para a transformação da prática; de outro modo, dedicam-se a descobrir os efeitos da televisão (por exemplo), sem pensar (e nem se fale em propor) esquemas educativos e científicos para inverter a situação. Daí a ênfase em que no processo de pesquisa sempre deve estar presente um ato de reflexividade entre o pesquisador e o objeto de estudo.

Essa ideia, sem dúvida, tornar-se-á chave na constituição da carreira acadêmica de nosso autor, pois na maioria de seus estudos posteriores estará sempre presente na pesquisa-ação como pilar epistemológico e como estratégia para intervir na educação a partir da comunicação, que foi sua principal ocupação histórica.

As mediações institucionais

Já no segundo momento deste ensaio, que implica colocar em andamento as reflexões comentadas sobre um tema particular, Orozco arremete contra a tradição epistêmico-metodológica dos efeitos diretos, a fim de propor uma perspectiva mais crítica e integral, ao estabelecer que as mensagens da televisão não são unívocas e que, consequentemente, não se mostram tão determinantes na constituição de ideias e práticas nas audiências infantis e juvenis, colocando ante o leitor a importância de adaptar as condições de pesquisa nos contextos reais das audiências e de suas próprias condições de recepção.

Sem deixar de reconhecer a televisão como instituição cultural, o que o autor vai construindo é uma visão de como outras instituições sociais funcionam como "barreiras mediadoras" que não apenas concorrem com a televisão na formação da socialização em crianças e jovens, mas que são estas as que principalmente os dotam dos códigos culturais que lhes permitem decodificar e entender as mensagens emitidas pela televisão.

Para Orozco, a família e a escola, como comunidades primárias de interpretação e aprendizagem, são chaves para mediar o papel mais invasivo das mídias nas dinâmicas cotidianas dos mais jovens, deixando bem claro que, não obstante a invasão midiática, "nenhuma instituição social, nem a família, nem a escola, nem os meios de comunicação exercem uma influência monolítica na sociedade" (p. 59) e, portanto, o processo de socialização tampouco é produto autônomo da atividade particular de alguma delas; por exemplo, a família é a encarregada de preservar os valores; a escola de educar e, finalmente, a televisão e as mídias, particularmente as comerciais, de informar e entreter, posto Orozco advertir que, mesmo sem a isso se propor, a televisão, desde sua criação, tem a forte ingerência nos processos educativos.

Essas mediações múltiplas sujeitam os receptores a uma série de condições sócio-históricas específicas que não somente tornam complexo o fenômeno, mas também contraditório, pois, quanto menos impacto tiverem as instituições familiar e escolar, maior será a importância da televisão em suas dinâmicas, mas também o contrário: à maior mediação familiar e escolar corresponde o menor efeito na produção de significados que advém das mídias.[3] Tal como ele mesmo o menciona:

> A família, a escola e a televisão ocasionalmente se completam e se reforçam, mas em outras, por seus condicionamentos concretos, origens e diversas possibilidades de realização de seus objetivos, tendem a contradizer-se (p. 63).

Assim, como sugere o autor, a coexistência complexa, conflituosa e por vezes contraditória entre televisão, escola e família (muito mais agora, quando à tela televisiva veio somar-se uma diversidade de telas que não são apenas menores, mas que, ao mesmo tempo, são portáteis, pessoais e interconectadas), faz com que tanto crianças quanto jovens

---

[3] Essa ideia das mediações múltiplas e de suas diversas conexões com a educação formal, não formal ou informal serão também determinantes na visão teórica do autor, pois, a partir dessas noções, construirá, posteriormente, suas noções de como a educomunicação pode ser um elemento vital para entender os processos de formação cidadã (Orozco, 2008b).

sejam "sujeitos de uma múltipla e também conflituosa e contraditória socialização" (p. 64).

Por essa razão, a crescente midiatização da vida social está provocando diversas mudanças e conflitos nas dinâmicas familiares e escolares, e Orozco identifica que um destes reside nos "resultados" que se esperam de cada instituição social; ou seja, os mais jovens constantemente comparam as mensagens emitidas por uma instituição com a informação que adquirem das mídias, e isso, por sua vez, gera outro conflito porque modifica "o processo" de cada instituição ao questionar suas funções, visto que os menores adquirem outro tipo de valores que não os familiares e outro tipo de aprendizagens que não são aprovadas pela escola.

Em que pesem as mediações, como se falou parágrafos atrás, as mensagens televisivas, em muitos casos, conseguem impor-se porque são capazes de ir além do "ato de assistir à televisão", ao tornarem-se insumos e referentes das relações sociais. Esse processo preocupa Orozco porque acontece de forma tão implícita, que muitas vezes passa despercebido, tornando-se necessário, pois, resgatar quais são "os recursos" com que deve contar cada instituição social para gerar resistências (mediações) mais certeiras que permitam não somente manter suas funções sociais (preservar os valores e educar), mas também usar as possibilidades emitidas pela televisão como um insumo para conseguir esses mesmos fins.

Para isso, esclarece Orozco, será necessário entender que a "negociação de significados" não somente acontece no âmbito institucional, como também se dá com os receptores, visto que estes também são capazes de mediar individual e culturalmente os significados propostos pela televisão.

Com isso, o receptor, como agente ativo, não somente negocia os significados televisivos, mas também os translada para outras situações sociais;[4] isso lhe permite "reapropriar e ressignificar" o que é visto através da televisão em virtude dos fins pessoais buscados e em relação aos significados comuns que partilham as comunidades de interpretação às quais o receptor pertence (família, escola, bairro, amigos, igreja e agora também as redes sociais pela internet).

Como conclusão, Orozco quer deixar bem claro que nenhum receptor enfrenta a televisão com a "mente vazia", como se pensava (e

---

[4] Sem ainda percebê-lo neste ensaio, Guillermo Orozco deixa implícito o que serão as bases de seu conceito de "assistência à televisão", o que ele entende como o processo de produção de significados que precede e sucede o momento de ver televisão.

156 • Educomunicação

ainda se pensa) em outras correntes teóricas da comunicação. Os desafios que o autor deixa neste ensaio (e a que ele mesmo deu resposta em diversas pesquisas) são: mais do que pensar os efeitos, deve-se buscar a compreensão de "como e por que o receptor resiste ou rejeita os significados que tendem a ser hegemônicos"; e também "até que ponto as modificações nas práticas de uma instituição, principalmente a família e a escola, em sua relação com o receptor, facilitam ou levam a modificações na relação que este mantém com a televisão" (p. 70).

Finalmente, o que Orozco propõe ao longo do ensaio é buscar as bases sólidas para o desenho de estratégias e políticas de educação e comunicação tendentes a fortalecer a capacidade crítica de crianças e de jovens perante a televisão.

Comentários finais: a obra de Guillermo Orozco

Durante anos, o pensamento comunicacional latino-americano padeceu de uma má combinação de dois fatores: intensa vontade de mudança e esquemas míopes de ação. Durante a década de 1960 e 1970, embora seja possível ver enormes contribuições da realidade latino--americana a partir das perspectivas da nova comunicação, boa parte de suas reflexões esteve submetida a visões macrodeterministas, baseadas no superdimensionamento da interferência popular, da emancipação anti--imperialista e dos tecnologismos desmedidos. Teorias da independência, comunicações para o desenvolvimento e pedagogias populares fixaram o olhar na dominação econômica e no imperialismo cultural das grandes instituições capitalistas, produto da modernidade, mas descuidaram os cenários dos sujeitos reais, não idealizados, carregados de contradições insolúveis e razões práticas que se desprendem para além da ativação ideológica.

Precisava-se de um retorno ao sujeito e a suas dimensões cotidianas, e isso aconteceria em fins da década de 1970 e princípios dos anos 1980. Com esses novos tempos, chegava uma geração atenta em desmontar o papel da recepção nos processos de construção de sentido diário das audiências, a interação das indústrias culturais com as práticas de consumo midiático massificado e a reconfiguração dos sentimentos populares em torno do melodrama, da telenovela e dos gêneros ficcionais. Tal como afirmaram os Mattelart, a realidade latino-americana, vista a partir de seus olhos nativos, lançou uma torrente original de novos saberes, ajudando a construir pedagogias ativas e a desprender processos de construção de cidadania tão potentes como jamais imaginados em outras latitudes (Mattelart & Mattelart, 2005, p. 119).

Entre os maiores expoentes dessa geração encontra-se, indubitavelmente, Guillermo Orozco, que, a partir de suas intuições sobre o papel da televisão nos processos educativos, montou as bases de uma educomunicação crítica que não somente teve impactos frutíferos na América Latina, mas também em diversas partes do mundo, trazendo aprendizagens tão importantes que hoje os estudos de recepção e de educação para a comunicação o inscrevem entre as figuras mundiais.

Entre suas principais contribuições, destaca-se o modelo da múltipla mediação, que descreve os momentos da assistência à televisão como uma concatenação de processos que se iniciam apenas na hora de enfrentar a tela do aparelho de televisão (Orozco, 2001).

Em seus posicionamentos, que têm origem na obra aqui resenhada, coloca a ênfase no ver um telespectador ativo, em constante construção e reconstrução de seus próprios referentes midiáticos. Daí que o lema seja: tel-e-videnciar esses referentes, torná-los sensíveis e inscrevê-los nas práticas de negociação que poderão desencadear processos educativos e interpretativos posteriores.

Com isso, Guillermo Orozco e a obra aqui resenhada nos ofereceram os fundamentos em germinação para a edificação de uma pedagogia crítica da assistência televisiva, mas também de uma estratégia de emancipação, ao apontar para uma nova forma de entender a capacidade de assistir à televisão e de construir com isso as bases de uma educação para a vida.

Bibliografia

A MANIFESTO TO MEDIA EDUCATION, Why manifesto, http://www.manifestoformediaeducation.co.uk/, recuperado 20/08/10.

ALVES, R., Los medios deben aparcar su arrogancia (entrevista), na seção Domingo, *El País*, Espanha, 05/09/10, p. 8-9.

ARUGUETE, N., En Latinoamérica otra comunicación es posible (entrevista a Denis de Moraes) na seção Diálogos, Argentina, 06/09/2010, p. 12.

BANDURA, A., *Aprendizaje social y desarrollo de la personalidad*. Madrid: Alianza, 1996.

BANDURA, A., *Social learning theory*. Nova York: Prentice Hall, 1976.

BANDURA, A., Teoría social cognitiva de la comunicación de masas, in BRYANT, J. & ZILLMANN, D. (eds.), *Media effects. Advances in theory and research*. Nova York: Lawrence, 1994, p. 89-126.

BARICCO, A., *Los bárbaros. Ensayos sobre la mutación*. Barcelona: Anagrama, 2008.

BEM, S., Gender schema theory and its implications in child development, *Journal of women in culture and society*, vol. 8, n. 4, 1981, p. 598-616.

BRYANT, J. & ZILLMANN, D. (eds.), *Los efectos de los medios de comunicación*. Barcelona: Paidós, 1996.

CARLÓN, M., *Sobre lo televisivo, dispositivos, discursos y sujetos*. Buenos Aires: La Crujía, 2004.

CARLÓN, M. & SCOLARI, C., *El fin de los medios masivos. El comienzo de un debate*. Buenos Aires: La crujía, 2009.

CARR, N., *Superficiales ¿Qué está haciendo internet con nuestras mentes?* Madrid: Taurus, 2010.

CASTELLS, M., *La sociedad red. La era de la información*, vol. 1. Madrid: Alianza, 1999.

CASTELLS, M., *Comunicación y poder*. Madrid: Alianza, 2009.

CEBRIÁN, H., Presentado un videojuego en el que se juega a ser víctima de acoso escolar, na seção Sociedad, *El País*, España, 12/08/2006, p. 36.

COMUNICAR., *Políticas de educación en medios. Aportaciones y desafíos mundiales*, vol. XVI, n. 32, 2009, p. 34-45.

CORONA, S., Un nuevo guión para el análisis de recepción: balas indígenas huicholes y la música mexicana de banda, Exposição apresentada no *Congreso Anual da International Communication Association (ICA)*, ICA, Acapulco, México, 2000.

CRAWFORD, P. I., *The construction of the viewer proceeding from NAFA 3*. Honiara: Invention Press, 1996.

CROVI, D., *Ser joven al fin de siglo*. México: UNAM, 1997.

160 • Educomunicação

DORCÈ, A., Televisión e Internet: ¿convergencia intermedial con un sólo sentido?, en AGUILAR, M.; NIVÓN, E.; PORTAL, M. e WINOCUR, R. (eds.), *Pensar lo contemporáneo: de la cultura situada a la convergencia tecnológica*. Barcelona: Anthropos, 2009, p. 297-310.

DORCÉ, A., Las audiencias mediáticas en México ¿en estado de indefensión?, em AMEDI (ed.), *Panorama de la comunicación en México 2001. Desafíos para la calidad y diversidad*. México: Amedi, 2011, SP.

ECHEVERRÍA, B., Comunicar es el nuevo entretenimiento de la gente (Entrevista com Arianna Huffington, Presidenta de The Huffington Post Media Group). *El País*, España. Recuperado em: 16/10/2011. http://www.elpais.com/articulo/tecnologia/Comunicar/nuevo/entretenimiento/gente/elpeputec/20111016elpeputec_1/Tes.

ESTALLO, J. A., *Psicopatología y videojuegos*, 1997. Recuperado em: 12/10/2005. http://www.ub.es/personal/videoju.htm.

FERRÉS, J., *Educar en una cultura del espectáculo*. Barcelona: Paidós, 2000.

FISH, S., *Is there class in this text? The authority of interpretative communities*. Cambridge: Harvard University Press, 1980.

FISKE, J., *Power Plays, power works*. Nova York: Verso, 1993.

FORD, A., *La marca de la bestia*. Buenos Aires: Norma, 1999.

FRANCO, D., *¿Ciudadanos de ficción? Representaciones, prácticas y discursos ciudadanos en la telenovela mexicana. El caso Alma de Hierro*. México: Tese de magister, Universidad de Guadalajara, Guadalajara, 2010.

FRANCO, D., El Equipo que sí ganará la guerra, *Buzos*, vol. XI, n. 455, 2011, p. 44-45.

FRANCO, D., Ante la violencia, subordinación informativa, *Buzos*, vol. XI, n. 426, 2011b, p. 4-10.

FRANCO, D. & GONZÁLEZ, R., El televidente no nace, se hace. A más de 20 años de Televisión y producción de significados, de Guillermo Orozco. *Razón y Palabra*, n. 75. Recuperado 16/09/2011. http://www.razonypalabra.org.mx/N/N75/ultimas/37_Franco_M75.pdf.

FRANCO, D. & OROZCO, G., El gran comercial telenovelesco, *Zócalo*, vol. X, n. 122, 2010, p. 39-40.

FRAU-MEIGS, D., *Media matters in the cultural contradictions of the "information society". Towards a human rights-based governance*. Paris: Council of Europe, 2011.

FREIRE, P., *Educação como prática da liberdade*. Rio de Janeiro: Paz e Terra, 1967.

FREIRE, P., *Pedagogía del oprimido*. México: Siglo XXI, 1970.

FUENTES, R., Consolidación y fragmentación de la investigación de la comunicación en México, 1987-1997, *Comunicación y Sociedad*, n. 30, 1997, p. 27-50.

FUENTES, R., El estudio de la comunicación en las universidades latinoamericanas, *Telos*, n. 19, 1998, p. 156-159.

FUENZALIDA, V. & HERMOSILLA, M., *El televidente activo*. Santiago: CPU, 1991.

FUNDACIÓN TELEFÓNICA/ARIEL., *La generación interactiva en Iberoamérica. Niños y adolescentes ante las pantallas*. Barcelona: Ariel/Fundación Telefónica, 2008.

GARCÍA-CANCLINI, N., *Consumidores y ciudadanos*. México: Grijalbo, 2003.

GARDNER, H., *Multiple inteligences: a theory in practice*. Nova York: Basic Books, 1993.

GARDNER, H., *Frames of mind. The theory of multiple intelligences*. Nova York: Colophon Books, 2004.

GARFINKEL, A., *Forms of explanation: rethinking the questions in social theory*. New Haven: Yale University Press, 1990.

GEE, J., Learning by design: games as learning machines, *The journal of media literacy*, vol. 52, n. 1, 2005, p. 24-29.

GEE, J., *What video games have to teach us about learning and literacy*. Nova York: Palgrave Mac Millan, 2007.

GERBNER, G., et al., Growing up with television cultivation process, in BRYANT, J. & ZILLMAN, D. (eds.), *Media effects. Advances in theory and research*. Nova York: Lawrence, 1994, p. 17-42.

GIDDENS, A., *In defense o sociology*. Cambridge: Polity Press, 1996.

GINZBURG, C., *Mitos, emblemas e indicios: morfología e historia*. Barcelona: Gedisa, 1994.

GITLIN, Todd, *Media unlimited*. Nova York: Owl Books, 2004.

GÓMEZ, R. y SOSA, G., *La concentración en el mercado de la televisión restringida en México* (mimeo), México, 2010.

GONZÁLEZ, R., Personal Influence: a 55 años de la irrupción de los líderes de opinión. *Razón y Palabra*, n. 75, 2011. Recuperado 16/10/11. http://www.razonypalabra.org.mx/N/N75/ultimas/36_Gonzalez_M75.pdf.

GUBERN, R., *El eros electrónico*. Madrid: Taurus, 2000.

GUMBRECHT, H., *Producción de presencia. Lo que el significado no puede transmitir*. México: UIA, 2004.

HALL, S., Encoding/Decoding, in MORRIS P. & THORNTON, S. (eds.), *Media studies: a reader*. Londres: NK University Press, 1980, p. 51-61.

HOECHSMANN, M. & BRONWEN, E., *Reading youth writing. New literacies, cultural studies and education*. Nova York: Peter Lang, 2008.

HUFFINGTON, A., Comunicar es el nuevo entretenimiento de la gente, *El País*. Recuperado. 2011, 26/08/2011. http://tecnologia.elpais.com/tecnologia/2011/10/16/actualidad/1318755661_850215.html.

JACKS, N., *Querencia: cultura regional como mediación simbólica*. Porto Alegre: UFRGS, 1999.

162 • Educomunicação

JACKS, N. (ed.), *Estado del arte de los estudios de recepción de audiencias en América Latina*. Quito: CIESPAL, 2011.

JACKS, N., Recepción y audiencias (entrevista). Quito: Ciespal. Recuperado, 2012, 21/09/2010. http://www.youtube.com/watch?v=00NbXosAmlo.

JAUSS, H. R., *Towards an aesthetic of reception*. Minneapolis: University of Minnesota Press, 1982.

JENKINS, H., *Convergence Culture. La cultura de la convergencia de los medios de comunicación*. Barcelona: Paidós, 2008.

JENKINS, H., *Confronting the challenges of participatory culture. Media education for the 21 st century*. Nova York: MacArthur Foundation, 2009.

JENKINS, H., *Manifesto for media education*. Recuperado, 2011, 03/12/2011. www.manifestoformediaeducation.co.uk.

JENSEN, K., *The social semiotics of mass communication*. Londres: Sage, 1995.

JENSEN, K., *News of the world*. London: Routledge, 1998.

JENSEN K., Who do you think we are? A content analysis of websites as participatory resources for politics, business and civil society, in JENSEN, K., (ed.) *Interface: // Culture*. Copenhagen: Nordicom, 2005.

JENSEN, K., La política de la interactividad: potencial y problemas de los sitios web como recursos de participación, en LOZANO, J. C. (ed.). *Diálogos, Forum Internacional de las Culturas*. Monterrey: Forum Internacional de las Culturas, 2007.

JENSEN, K., *Media Convergence: The three degrees of network, mass and interpersonal communication*. Nova York: Routledge, 2011.

JENSEN, K. & ROSENGREN, K., Five traditions in search of the audience in European *journal of communication*, vol. 5, n. 2, 1990, p. 207-238.

JOHNSON, L., Media literacy, early childhood and 21st century skills, *The Journal of media literacy*, vol. 52, n. 1 e 2, 2005, p. 70-72.

JOHNSON, S., *Sistemas emergentes. O qué tienen en común hormigas, neuronas, ciudades y software*. México: Fondo de Cultura Económica, 2001.

JOHNSON, S., *Everything bad is good for you. How today's popular culture is actually making us smarter*. Nova York: Riverhead Books, 2005.

KATZ, E. & LAZARSFELD, P., *Personal influence: the part played by people in the flow of mass communications*. Nova Jersey: Free Press, 1995.

KNIGHT, P. & HARNISH, J., Contemporary discourses of citizenship, *Communication research*, vol. 3, n. 32, 2006, p. 653-690.

LANDI, O., Pantallas, cultura y política, in OROZCO, G. (ed.), *Miradas latinoamericanas a la televisión*. México: UIA, 1996.

LANKSHEAR, C. & KNOBEL, M., *Nuevos alfabetismo. Su práctica cotidiana y el aprendizaje en el aula.*Madrid: Morata / Ministerio de Educación, Política Social y Deporte, 2008.

LIEBES, T. & KATZ, E., *The export of meaning: cross cultural readings of Dallas*. Nova York: Basic Books, 1990.

LIVINGSTONE, S., Foreword: coming to terms with "mediatization", in LUNDBY, K. (ed.), *Mediatization, concept, changes, consequences*. Nova York: Peter Lang, 2009.

LUNDBY, K. (ed.), *Mediatization, concept, changes, consequences*. Nova York: Peter Lang, 2009.

MAFFESOLI, M., Conferencia, Exposição apresentada na Universidade Nacional de La Plata, UNLP, La Plata, Argentina, 2009.

MARTÍN-BARBERO, J., *De los medios a las mediaciones*. Barcelona: Gustavo Gili, 1987.

MARTÍN-BARBERO, J., *Comunicación y cultura política: entre públicos y ciudadanos – culturas populares e identidades políticas*. Lima: Calandria, 1994.

MARTÍN-BARBERO, J., Recepción de medios y consumo cultural, in SUNKEL, G. (coord.), *El consumo cultural en América Latina*. Bogotá: Andrés Bello, 1999.

MARTÍN-BARBERO, J., *De las políticas de comunicación a la reimaginación de la política*, EPTIC, vol. 4, n. 3, 2003, p. 70-84.

MARTÍN-BARBERO, J., *La educación desde la comunicación*. Buenos Aires: Norma, 2004.

MARTÍN-BARBERO, J. (ed.), *Entre saberes desechables y saberes indispensables (agendas de país desde la comunicación)*. Bogotá: Centro de Competencia en Comunicación para América Latina (C3), 2010.

MARTÍN-BARBERO, J., Los oficios del comunicador, *Signo y pensamiento*, vol. 23, n. 59, 2011, p. 18-40.

MARTÍN-BARBERO, J. & REY, G., *Los ejercicios del ver. Hegemonía audiovisual y ficción televisiva*. Barcelona: Gedisa, 1999.

MARTÍN-SERRANO, M., *La mediación social*. Madrid: Akal, 2008.

MATTELART, A. & MATTELART, M., *Historia de las teorías de la comunicación*. Barcelona: Paidós, 2005.

MCCHESNEY, R., *The problem of media. U.S. communication politics in the 21st Century*. Nova York: Monthly Review Press, 2004.

MCCOMBS, M., *The agenda-setting role of the mass media in the shaping of public opinion*. Austin: University of Texas Press, 1972.

MCCOMBS, M. & REYNOLDS, A., News influence on our pictures of the world, in BRYANT, J. & ZILLMANN, D. (eds.), *Media effects. Advances in theory and research*. Nova York: Lawrence, 1994, p. 1-18.

MCGINN, N., STREET, S. & OROZCO, G., *La asignación de recursos económicos en la educación pública en México: Un proceso técnico en un contexto político*. México: Fundación Javier Barros Sierra, 1983.

164 • Educomunicação

MCLEOD et al., The expanding boundaries of political communication effects, in BRYANT, J., ZILLMAN & BRYANT, D. (eds.), *Media effects. Advances in theory and research.* Nova York: Lawrence, 1994, p. 123-162.

MEYROWITZ, J., Power, pleasure, patterns: intersecting narratives of media influence, *Journal of communication,* n. 58, 2008, p. 641-663.

MILLER, T., *El ahora y el futuro de la televisión.* Tvmorfosis, la televisión abierta hacia la sociedad de redes. Guadalajara: Tintable/Universidad de Guadalajara, 2013.

MILLER, T., The once and future television audience. In: OROZCO, G. (ed.), *TvMórfosis hacia una sociedad de redes.* Barcelona: Gedisa (no prelo).

MORGAN, M. & SHANAHAN, J., *Democracy tango: television, adolescents, and authoritarian tensions in Argentina.* Nova York: The Hampton Press, 1995.

MORLEY, D., *Television, audiences and cultural studies.* Londres: Routlegde, 1992.

OBITEL, *Anuario OBITEL 2011. La calidad de la ficción televisiva y la participación transmedial de las audiencias.* São Paulo: Globo Universidade, 2011.

ONG, W., McLuhan as teacher: the future is a thing of past, *Journal of communication,* vol. 3, n. 31, 1977, p. 129-135.

OROZCO, G., Research of cognitive effects of TV, an epistemological discussion, in DRUMMOND. P. & PATERSONS, P. (eds.), *Television and its audience: international research perspectives.* Londres: British Film Institute, 1987.

OROZCO, G., *Commercial television and children's education in Mexico: the interaction of socializazing institutions,* Tese de doutorado, Boston, Harvard, 1988.

OROZCO, G., *Televisión y producción de significados (tres ensayos).* México: Universidad de Guadalajara, 1994.

OROZCO, G., *Televisión y audiencias, un enfoque cualitativo.* México: Ediciones de la Torre / UIA, 1996.

OROZCO, G., Hay que hacer algo, pero no somos los indicados. Ámbitos de mediación y supertemas en la televidencia de noticias, *Comunicación y Sociedad,* n. 27, p. 111-140, 1996b.

OROZCO, G., Hacia una pedagogía de la televidencia, *Comunicación y Sociedad,* n. 32, 1999, p. 169-199.

OROZCO, G., Negociando la identidad en el mundo. Percepciones y usos de las noticias televisadas entre familias mexicanas, exposição apresentada por ocasião do *Congreso Anual de la International Communication Association (ICA),* ICA, Acapulco, México, 2000.

OROZCO, G., Aumenta divertimento político-noticioso, *Reforma,* 24 de marzo, 2000b, p. 45.

OROZCO, G., *Televisión, audiencias y educación*. Buenos Aires: Norma, 2001.

OROZCO, G., La televisión en México: indicios para reconstruir su itinerario no visible, *Oficios Terrestres*, vol. X, n. 15 y 16, 2004, p. 216-224.

OROZCO, G., Comunicación social y cambio tecnológico: un escenario de múltiples desordenamientos. In: DE MORAES, D. (ed.), *Cultura mediática y poder mundial*. Bogotá: Norma, 2005, p. 99-118.

OROZCO, G., La telenovela en México: ¿de una expresión cultural a un simple producto para la mercadotecnia? *Comunicación y Sociedad*, n. 6, nova época, 2006, p. 11-36.

OROZCO, G., Los videojuegos más allá del entretenimiento. Su dimensión socioeducativa, exposição apresentada por ocasião do *I Colóquio Internacional e II Nacional de Pensamento Educativo e Comunicação*, Pereira, Universidad Tecnológica de Pereira, Colombia, 2008.

OROZCO, G., Una Ciudadanía comunicativa como horizonte de una pedagogía de las pantallas, exposição nas *Jornadas do Observatório Europeu da Televisão Infantil* (OETI), Barcelona, Espanha, 2008b.

OROZCO, G., Entre pantallas: nuevos roles comunicativos de sus audiencias--usuarios, in AGUILAR, M.; NIVÓN, E.; PORTAL, M. & WINOCUR, R. (eds.), *Pensar lo contemporáneo: de la cultura situada a la convergencia tecnológica*. Madrid: Anthropos/Universidad Autónoma Metropolitana, 2009, p. 34-46.

OROZCO, G., Audiencias ¿siempre audiencias? El ser y el estar en la sociedad de la comunicación, in AMIC (ed.), *Memorias del XXII Encuentro Nacional AMIC 2010*. México: AMIC/Universidad Iberoamericana.

OROZCO, G., La condición comunicacional contemporánea: desafíos educativos para una cultural participativa de las audiencias, exposição apresentada no *Congreso Anual do Observatório Europeu de Televisão Infantil* (OETI), OETI, Barcelona, Espanha, 2010b.

OROZCO, G., Se viola el respeto a las audiencias, *Zócalo*, vol. XI, n. 135, 2011, p. 13-14.

OROZCO, G., La condición comunicacional contemporánea: desafíos latinoamericanos de la investigación de las interacciones en la sociedad red, in JACKS, N. (ed.), *Análisis de la recepción en América Latina: un reencuento con perspectivas a futuro*. Quito: CIESPAL, 2011b, p. 377-408.

OROZCO, G. & FRANCO, D., Violencia telenovelera no sujeta al acuerdo, *Zócalo*, vol. XI, n. 135, 2011, p. 37-38.

OROZCO, G.; HUIZAR, A.; FRANCO, D. HERNÁNDEZ, F., México: la ficción se desinhibe. Naturalización de publicidad, propaganda, violencia y ciudadanías en las telenovelas. In: OROZCO, G. & VASSALLO, M. (eds.), *Convergencias y transmediación de la ficción televisiva. Anuario OBITEL, 2010*. São Paulo: Globo Editora/Globo Universidade, 2010, p. 56-67.

OROZCO, G., TORRES, P. & CHARLOIS, A., *Informe México*, in Anuario 2010 do Observatório do cinema e do audiovisual latino-americano e caribenho. Argentina: Fundación del Nuevo Cine Latinoamericano, 2010.

OROZCO, G., et al., México: Ficción a la carta: la programación a ritmo de la política, in VASSALLO, M. & Orozco, G. (eds.), *Anuario OBITEL 2012, Brasil*. Globo Editora/Globo Universidade, 2012, p. 56-72.

OROZCO, G.; NAVARRO, E. & GARCIA, A., Desafíos educativos en tiempos de auto-comunicación masiva: la interlocución de las audiencias, in *Revista Comunicar*, n. 38, 2012, p. 67-74.

OROZCO, G. & VASSALLO, M., (eds.), *Anuario OBITEL 2010. Convergencias y transmediación de la ficción televisiva*. São Paulo: Globo Editora/Globo Universidade, 2010.

PADILLA, R., Coordenadas y geografías de la ciudadanía en Aguascalientes, in RAMÍREZ, J. (ed.), *Descentramiento de la ciudadanía nacional*. Guadalajara: ITESO, 2009, p. 39-67.

PADILLA, R., *Perfiles socioculturales de ciudadanía. Identidades urbanas y geografías mediáticas. Estudio de cinco escenarios en la Ciudad de Aguascalientes*. Tese de Doutorado. Guadalajara, ITESO, 2009b.

PÉREZ, V., *De la calle a las aulas: prácticas fuera de la escuela de la alfabetización digital en jóvenes y las posibilidades de integración dentro de la escuela*. Tese de Doutorado, Guadalajara, ITESO, 2010.

PEW INTERNET AND AMERICAN LIFE., Informes y estadísticas, http://pewinternet.org/, 2005. Recuperado em: 12/02/2012.

PISCITELLI, A., Nativos digitales. Dieta cognitiva, inteligencia colectiva y arquitecturas de la participación. Argentina: Santillana, Coleção Aula XXI, 2009.

PISCITELLI, A., *El paréntesis de Gutenberg. La religión digital en la era de las pantallas ubicuas*. Buenos Aires: Santillana, 2011.

PISCITELLI, A. et al., *El Proyecto Facebook y la posuniversidad. Sistemas operativos sociales y entornos abiertos de aprendizaje*. Buenos Aires: Ariel/Fundación Telefónica, 2010.

POSTMAN, N., *Divertirse hasta morir. El discurso público en la era del espectáculo*. Barcelona: Tempestad, 1991.

PRENSKY, M., *Digital natives, digital immigrants, The horizon*, vol. 9, n. 5, 2001, p. 22-34.

PRENSKY, M., *Digital game-based learning*. Nova York: Mc Graw Hill, 2001b.

PRENSKY, M., *Don't bother me mom, I'm learning*. Nova York: Paragon House, 2006.

PRESS, A. & WILLIAMS, B., *The new media environment. An introduction*. Oxford: Wiley-Blackwell, 2010.

RAMÍREZ, J., Introducción, in RAMÍREZ, J. (ed.), *Descentramiento de la ciudadanía nacional*. Guadalajara: ITESO, 2007, p. 9-12.

RAYALA, M., Simulating the future: sapien mind games, *The journal of media literacy*, vol. 52, n. 1, 2005, p. 4-9.

REGUILLO, R., *Emergencias de las culturas juveniles. Estrategias del desencanto*. Buenos Aires: Norma, 2000.

REGUILLO, R., *Presentación del seminario interdisciplinar IV*, exposição apresentada no *Seminario Interdisciplinar IV*, Guadalajara, México, ITESO, 2009.

REPOLL, J., *Arqueología de los estudios culturales de audiencias*. México: UAM, 2010.

RHEINGOLD, H., *Multitudes inteligentes. La próxima revolución social*. Barcelona: Gedisa, 2002.

ROGERS, E., *Diffusion of Innovations*, 5. ed. Nova York: The Free Press of Glencoe, 2004.

ROSALDO, R., Ciudadanía cultural, desigualdad, multiculturalidad, exposição apresentada na *Conferencia magistral el derecho a la identidad cultural*. Tijuana, México, UIA Noroeste, 1999.

SÁDABA, T., La construcción de la agenda de los medios. El debate del estatuto en la presa española, *Ámbitos*, n. 16, 2007, p. 187-211.

SÁNCHEZ, E., Algunos retos para la investigación mexicana de comunicación. Una reflexión personal (en diálogo con Raúl Fuentes), *Comunicación y Sociedad*, n. 30, 1997, p. 51-77.

SARTORI, G., *Homo Videns: La sociedad teledirigida*. Madrid: Taurus, 2003.

SCOLARI, C., *Hacer clic. Hacia una sociosemiótica de las interacciones digitales*. Barcelona: Gedisa, 2004.

SCOLARI, C. Hacia la hipertelevisión. Los primeros síntomas de una nueva configuración del dispositivo televisivo, *Diálogos de la comunicación*, n. 77, 2008, SP.

SCOLARI, C., *Hipermediaciones. Elementos para una teoría de la comunicación digital interactiva*. Barcelona: Gedisa, 2009.

SCOLARI, C., El genio que adivinó el Siglo XXI. *Leer*, n. 219, 38-41, 2009b.

SHAEFFLER, I., *Conditions of knowledge: an introduction to epistemology of education*. Chicago: Chicago University Press, 1983.

SILVERSTONES, R., *Televisión y vida cotidiana*. Buenos Aires: Amorrortu, 1996.

SMITH, A. & BOYLES, J., The rise of the connected viewer, *Pew Research Center's Internet & American Life Project*, http://pewinternet.org/~/media//Files/Reports/2012/PIP_Connected_Viewers.pdf. Consultado em: 10/08/12. Recuperado em: 12/08/2012.

SOLARES, M., Perspectivas de la ficción televisiva, exposição apresentada no Painel, no *Congreso Internacional OBITEL. Producción, recepción y observación de la ficción televisiva*, Obitel, Guadalajara, México, 2007.

SQUIRE, K., Toward a media literacy for games, *The Journal of media literacy*, vol. 52, n. 1, 2005, p. 9-15.

TREJO, R., Mediocracia en la democracia. Medios, partidos y gobernabilidad en México, *Separata de la Bibliotecas de América*, n. 43, 2009, SP.

TUFTE, T., Televisión, modernidad y vida cotidiana. Un análisis sobre la obra de Roger Silverstone desde contextos culturales diferentes, *Comunicación y Sociedad*, 31, 1997, p. 65-96.

VEGA, A., Medios de comunicación y desarrollo humano en México, in AMEDI, *Desafíos para la calidad y la diversidad*. AMEDI: México, 2011, SP.

VIGOTSKY, L., *Mind in society*. Cambridge: Harvard University Press, 1978.

VILCHES, L., *La migración digital*. Barcelona: Gedisa, 2001.

WHITE, M., *The body and the screen. Theories of internet spectatorship*. Boston: Massachusetts Institute of Technology Press, 2008.

WINOCUR, R., La convergencia digital como experiencia existencial en la vida de los jóvenes, in AGUILAR, M.; NIVÓN E.; PORTAL, M. & WINOCUR, R. (eds.), *Pensar lo contemporáneo: de la cultura situada a la convergencia tecnológica*. Barcelona: Anthropos, 2009, p. 249-262.

WINOCUR, R., *Robinson Crusoe ya tiene celular*. México: Siglo XXI, 2009b.

WOLF, M., *The medium of the video game*. Austin: University of Texas Press, 2001.

ZILLMANN, D. & BRYANT, J., Entertainment as media effect, in BRYANT, J. & ZILLMANN, D. (eds.), *Media effects. Advances in theory and research*. Nova York: Lawrence, 1994, p. 437-462.